ZIVILCOURAGE KÖNNEN ALLE!

Ein Trainingshandbuch für Schule und Jugendarbeit

D. Lünse | K. Nöllenburg | J. Kowalczyk | F. Wanke

Verlag an der Ruhr

Impressum

Titel
Zivilcourage können alle!
Ein Trainingshandbuch für Schule und Jugendarbeit

Autoren
Dieter Lünse, Katty Nöllenburg, Jörg Kowalczyk, Florian Wanke

Titelbild
unter Verwendung von © Hackebeilchen/photocase.com

Verlag an der Ruhr
Mülheim an der Ruhr
www.verlagruhr.de

Geeignet für die Klassen 7–13

Unser Beitrag zum Umweltschutz
Wir sind seit 2008 ein ÖKOPROFIT®-Betrieb und setzen uns damit aktiv für den Umweltschutz ein. Das ÖKOPROFIT®-Projekt unterstützt Betriebe dabei, die Umwelt durch nachhaltiges Wirtschaften zu entlasten.
Unsere Produkte sind grundsätzlich auf chlorfrei gebleichtes und nach Umweltschutzstandards zertifiziertes Papier gedruckt.

Ihr Beitrag zum Schutz des Urhebers
Das Werk und seine Teile sind urheberrechtlich geschützt. Jede Verwendung in anderen als den gesetzlich zugelassenen Fällen bedarf der vorherigen schriftlichen Einwilligung des Verlages. Im Werk vorhandene Kopiervorlagen dürfen vervielfältigt werden, allerdings nur für jeden Schüler der eigenen Klasse/des eigenen Kurses. Die dazu notwendigen Informationen (Buchtitel, Verlag und Autor) haben wir für Sie als Service bereits mit eingedruckt. Diese Angaben dürfen weder verändert noch entfernt werden. Die Weitergabe von Kopiervorlagen oder Kopien an Kollegen, Eltern oder Schüler anderer Klassen/Kurse ist nicht gestattet. Bitte beachten Sie die Informationen unter schulbuchkopie.de.
Der Verlag untersagt ausdrücklich das digitale Speichern und Zurverfügungstellen dieses Buches oder einzelner Teile davon im Intranet (das gilt auch für Intranets von Schulen und Kindertagesstätten), per E-Mail, Internet oder sonstigen elektronischen Medien. Kein Verleih. Zuwiderhandlungen werden zivil- und strafrechtlich verfolgt.

© Verlag an der Ruhr 2011
ISBN 978-3-8346-0813-0

Printed in Germany

Dank an
- Grosse-Oetringhaus für den Abdruck der Mutmachgeschichte auf S. 67 f.
- malmann® und ikm für den Abdruck der Eskalationsstufen auf S. 78 f.
- Dieter Lünse für den Abdruck der Fotos auf S. 8–21

Inhaltsverzeichnis

4 Vorwort

7   1. Teil – Einführung

8 Zivilcourage – der soziale Mut
24 Train the Trainer
33 Aufbau dieses Buches

35   2. Teil – Trainingsmodule

36 Zum Begriff von alltäglicher Gewalt
49 Zuschauende – Täter – Opfer
60 Angst und Mut
70 Aggression und Wut
87 Vorurteile und Urteile
102 Werte und Rechte
118 Eingreifen und Handeln
134 Trainingsabläufe
140 Methodenübersicht

141   3. Teil – Wichtige Hinweise

142 Verankerung im Schulleben
147 Das Institut für konstruktive Konfliktaustragung und Mediation (ikm)
149 Das Autoren-Team

150 Literaturverzeichnis
152 Fußnoten
154 Bildnachweise

Vorwort

Liebe Leserinnen und Leser,

wenn das Klima sich schon verschlechtert hat, Kinder in ihren Gruppen sich gegenseitig ausgrenzen oder Erwachsene sich zu wenig einmischen dann wird Zivilcourage nötig! Oft wird der Ruf jedoch erst ganz laut, wenn die Eskalation sich in direkter Gewalt zeigt. Dann sehen die Menschen plötzlich, wie lange das Umfeld zugesehen hat, obwohl Handlungsspielräume vorhanden waren, um etwas zu verändern.
Aus den Medien kennen wir die Spitze des Eisbergs – einige Szenen im Nahverkehr und auf öffentlichen Plätzen, bei denen Situationen völlig eskaliert sind. Auch genügend Fälle im ländlichen Raum werden aufgezeigt, die Anlass geben, sich rechtzeitig einzumischen.
Dieses Buch möchte drei Dinge deutlich machen:

1. Zivilcourage kann gelernt werden – und zwar jetzt!
2. Zivilcourage bezieht sich nicht nur auf explizite Gewaltvorfälle, sondern auf alltägliche Situationen in allen Lebensbereichen. Zur Vorbereitung auf den Einsatz von Zivilcourage gehört das Analysieren von Situationen im persönlichen Umfeld, in Betrieben, in Schulen und im öffentlichen Raum. So kann rechtzeitig ein individuelles Handlungsrepertoire für Zivilcourage entwickelt werden.
3. Wissen über Zivilcourage allein genügt nicht. Die Praxis und ein guter Leitfaden zum Erlernen sind die weiteren Schlüssel für eine effektive Zivilcourage.

„Zivilcourage können alle!" bietet genau diesen Zugang. Zu Beginn zeigen wir die **Bedingungen** dafür auf. Danach schließen sich die **Praxiskapitel** für Anleitende, Lehrkräfte, Sozialpädagoginnen und Sozialpädagogen, Erzieherinnen und Erzieher und andere pädagogisch tätige Menschen an.
Im Anschluss werden **weiterführende Maßnahmen und Strukturen** erläutert, um nachhaltig eine konstruktive Konfliktkultur innerhalb eines Systems zu implementieren. So können einerseits die Situationen verringert werden, in denen Zivilcourage benötigt wird, und zusätzlich die Unterstützungswege und Handlungsoptionen in schwierigen Situationen für alle Beteiligten erleichtert werden.

Um den Methodenteil nach den jeweiligen einführenden Artikeln professionell durchführen zu können, braucht ein effektives Zivilcourage-Training **Grundsätze und Qualitätsstandards** für die Trainer, die Ihnen ab S. 24 vermittelt werden. Das englische Schlagwort „Train the Trainer" meint nicht nur diese **professionelle Herangehensweise**, sondern auch immer wieder die Wichtigkeit der **Selbstreflexion** der Anleitenden. Zivilcourage baut auf ein Vorbildverhalten, auf den Umgang mit unterschiedlichen Werten und eben auf die Fähigkeit der Empathie. Im Lernen von Zivilcourage geht es in den Gruppen immer wieder um essenzielle Fragen und Haltungen – die Hinweise zur Arbeit im Team legen die notwendige Basis für den Start.
In den darauf folgenden Abschnitten ab S. 35 liegen die entscheidenden Bausteine zur Anwendung und Übung der Inhalte des Trainings und der sozialen Kompetenzen, um sich aus dem Dreieck von Zuschauenden, Opfern wie auch Tätern herauszubewegen. Die Abschnitte **Angst und Mut** sowie **Aggression und Wut** behandeln die bedeutenden Gefühle, die Menschen oft hemmen. **Vorurteile und Urteile, Werte und Rechte, Eingreifen und Handeln** sind weitere große Themen, die für die Kompetenz einer zivilcouragierten Person nicht fehlen dürfen!

Das Autoren-Team besteht aus Mitarbeitenden des Instituts für konstruktive Konfliktaustragung und Mediation (ikm) in Hamburg. Das ikm hat über ein Jahrzehnt hinweg Zivilcourage-Trainings entwickelt, durchgeführt und systemisch verankert. Die beschriebenen Methoden sind über Jahre in vielen Seminaren mit unterschiedlichen

Trainerteams genutzt und weiterentwickelt worden. Aus all diesen Erfahrungen wurden die Inhalte und Methoden für dieses Buch entwickelt. Die schriftlich und mündlich überlieferten Quellen dieser Methoden sind vielfältig und der tatsächliche erste Ursprung der meisten Methoden ist nicht immer nachvollziehbar. Natürlich haben wir uns aber redlich bemüht, sämtliche Urheberrechte zu gewährleisten.
Das Buch „Zivilcourage" von Lünse; Rohwedder; Baisch (2001) hat als Grundmodell für dieses Buch gedient. Wir möchten besonders unserer Kollegin Tanja Witten und unserem Kollegen Jens Richter für ihre Expertise und ihre Ideen zu diesem Werk danken.

Für die Arbeit mit diesem Buch möchten wir allen Nutzerinnen und Nutzern Engagement und Ausdauer mit auf dem Weg geben. Für Zivilcourage ist dies eine wichtige Größe.

Dieter Lünse, Katty Nöllenburg, Jörg Kowalczyk, Florian Wanke

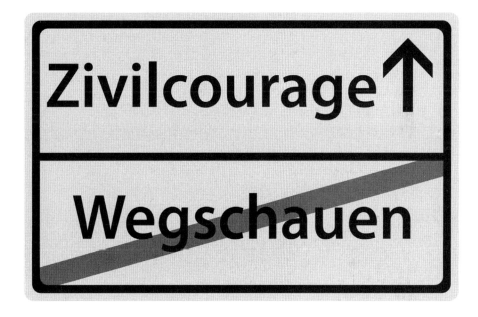

1. Teil Einführung

Zivilcourage – der soziale Mut

Gewaltprävention, Deeskalation und die **Hilfe für Opfer** stehen in engem Zusammenhang mit Zivilcourage. Der Begriff hat seit mehreren Jahrzehnten Konjunktur wie kaum ein anderer. Anfang der 90er Jahre haben sich in Zusammenhang mit rassistischen Vorfällen Ortsnamen wie Hoyerswerda, Rostock, Mölln oder Solingen in die Gedächtnisse eingebrannt. Aber auch viele einzelne Fälle, in denen Menschen verletzt wie auch getötet wurden und niemand eingeschritten ist, sind bekannt. Brandanschläge auf Asylbewerberheime oder der Tod von Menschen bei Gewalteskalationen sind aber nur die Spitze des Eisberges. Sie vergrößern den Ruf nach mehr Zivilcourage, rufen aber auch die Angst auf den Plan, in solchen Situationen nicht mehr weiter zu wissen bzw. selber Schaden zu nehmen.

Mit dem Ausruf „Keine Gewalt!" können wir deeskalierend wirken. Doch wird unser Mut dazu reichen? Wie können wir diesen Mut und die nötige Zivilcourage aufbringen, um einzuschreiten? Wie können wir einschreiten, ohne dass die Situationen schlimmer werden? Unter dieser Spitze des Eisberges gibt es viele Alltagssituationen, die **sozialen Mut** erfordern, um Opfer zu schützen oder nicht selbst in Bedrängnis zu geraten.

»*Statt einzugreifen verkriechen wir uns lieber.*«

Wenn wir uns fragen: „Wie können wir eigentlich auf Gewalt, Bedrohung und Schreckenssituationen reagieren?", so ist die erste Reaktion bei vielen, Schutz und Sicherheit zu suchen. Wir gehen abends lieber nicht mehr allein auf die Straße. In der U-Bahn suchen wir uns lieber eine Ecke, in der wir ungestört sind. Wenn es dann an einer anderen Stelle des Waggons brodelt, hoffen wir darauf, dass es an uns vorüberzieht und sich die Situation von allein wieder entspannt.

»*Wir haben die Hemmung und Scheu, zu handeln.*«

Doch wenn es jetzt nicht vorbeigeht, die Stimmen lauter werden und der eine bereits den anderen beschimpft, was dann? Es könnte doch jemand anders einschreiten. Aber niemand rührt sich. Wenn ich selbst einschreite, bin ich vielleicht den angedrohten Schlägen ausgesetzt. Und dann? Stört sich denn niemand an dem Geschreie? Alle schauen weg. Als ob es keinem auffällt. Und nun? Jetzt scheint es schon, als ob sich die Kontrahenten körperlich angreifen. Es ist, als ob ich meine Stimmbänder nicht mehr benutzen könnte.

Zivilcourage – der soziale Mut

Info

Eigentlich müsste ich schreien, aber es geht nicht. Die U-Bahn fährt in die Station ein, die Türen gehen auf, die Personen lassen voneinander ab, einer der Kontrahenten steigt aus. Es ist noch einmal gut gegangen. Und beim nächsten Mal?

So oder ähnlich erleben wir Gewalt im Alltag. Menschen sind voneinander genervt, Missfallen wird geäußert, man beginnt sich anzufeinden. Oder es geht um eine plumpe Kontaktaufnahme. Ein Mann will eine Frau anbaggern. Er versucht gar nicht erst, sich mit ihr zu unterhalten, sondern spricht sie gleich auf ihre äußeren Reize an.
Er fühlt sich überlegen, hat keine Angst davor, für sein unverschämtes Verhalten wiederum angemacht zu werden. Er geht davon aus, dass niemand so schnell einschreitet und der Frau zur Hilfe kommt. Er weiß, dass er sich immer noch herausreden kann, dass niemand etwas dagegen haben kann, wenn er „ein paar lockere Sprüche" über eine gewisse Distanz schmettert. „Was war denn schon?", wird er sagen. Er ist sich scheinbar eines gewissen Einverständnisses seiner Umgebung sicher. Niemand wird so schnell die Frau fragen, ob sie sich belästigt fühlt. Und täten die anderen Männer es nicht genauso gerne wie er? Wahrscheinlich trauen sie sich nur nicht!?

Aus der Sicht der Frau sieht diese öffentliche Anmache ganz anders aus. Sie denkt sich gerade nichts Böses und wird, ohne es zu ahnen, von der Seite angequatscht. „Was nun? Meint er mich oder vielleicht eine andere? Gar nicht beachten, vielleicht ... Meine Aufmerksamkeit würde ihn nur ermuntern ...
Wieder ein Spruch, ich möchte mich am liebsten verkriechen ... Der Typ ist echt peinlich, merkt das denn keiner? Was könnte ich ihm nur entgegenhalten? Welche Worte könnten ihn zum Schweigen bringen? Aber warum soll ich mich eigentlich überhaupt mit diesem dummen Gequatsche auseinandersetzen? Warum zwingt er mich dazu?"

Ist ja noch mal gut gegangen! Keine Hysterie!

»*Das Ohnmachtsgefühl der Opfer und der Passanten suggeriert dem Täter, freie Handlungsmöglichkeit zu haben.*«

Wenn keine Reaktion kommt, fühlt sich der Mann bestätigt. Aber er will eine Reaktion und wird weiter daran arbeiten, diese zu provozieren. Wie können wir einschreiten? Wie viel Mut ist nötig, um in dieser Situation aufzustehen und sich dazwischenzustellen? Wie könnte sich das Opfer verhalten? Wird die Frau nicht immer die Unterlegene sein? Und regen wir uns nicht umsonst über Anmachen, Belästigungen, Bedrohungen und Gewalt in der Öffentlichkeit auf – hat das überhaupt Sinn?

»*Psychische Gewalt auf dem Schulhof hat eine ganz eigene ‚Qualität'.*«

Eine scheinbar andere Situation spielt sich auf dem Schulhof ab. Eine Gruppe von Jungen und Mädchen aus einer Klasse stehen in der Pause zusammen. An ihnen geht ein einzelner Mitschüler vorbei. Die ersten tuscheln über ihn: „Was hat der heute wieder an?" Und allmählich werden andere lauter: „Na, heute die schicke Blau-Grün-Kombination?" So häufen sich kleine Anspielungen, die alle zum Lachen anregen, und nur einer steht hilflos da oder versucht, sich verbal zu wehren.

»*Keiner hat den Mut, sich gegen die Gruppe auszusprechen.*«

Wer entwickelt bei dieser Szene ein Gefühl für die andere Seite? Wer unterbricht die provozierenden Sprüche und sagt, dass es reicht? Wer steigt aus der Clique aus und beschwert sich über den rüden Ton, den Spott oder über Unterstellungen gegenüber dem einzelnen Mitschüler? Dies ist nicht ganz leicht, weil die Grenzen der Verletzungen nicht klar sind, wenn ich auf der Seite der Mehrheit stehe. Und es ist sehr schwer, sich gegen die eigene Gruppe zu stellen.

Mehrere Auszubildende eines Hotelbetriebes treffen sich einmal im Monat zu ihrem Stammtisch. Sie stellen gemeinsam fest, dass die Hotelleitung die unangenehmen Arbeiten mehr und mehr von Mehmet und Iska ausrichten lässt. Es wird damit begründet, dass man sie mehr anleiten müsse als die anderen und dass ihnen das Aufräumen oder das Wegbringen des Mülls leichter von der Hand gehe als andere Arbeiten. Die Betroffenen fühlen sich einem Befehlston ausgesetzt und sehen in den Anweisungen Schikanen. Alle beim Stammtisch teilen die Angst, dieses Problem einmal anzusprechen. Einige mit der Begründung, es sei nicht so schlimm. Andere haben Angst, dass sie vielleicht nach der Ausbildung nicht weiterbeschäftigt werden, wenn sie sich

Zivilcourage – der soziale Mut

beschweren. Und Mehmet selber wäre es peinlich. Er nimmt es eine Zeit lang so hin: „Wird sich vielleicht auch so wieder ändern!" Dieses Problem in einer hierarchischen Struktur lässt sich gar nicht so leicht lösen. Es erfordert, wie das Einschreiten in der Öffentlichkeit, den sozialen Mut, sich trotz des eigenen Risikos für die Betroffenen einzusetzen, um wieder Gerechtigkeit herzustellen.

Wird sich vielleicht auch so wieder ändern ...

Zusammenfassend lassen sich die vielen Situationen festhalten, in denen **akut Hilfe notwendig** ist oder **Solidarität sowie soziale Verantwortung** gefordert sind. Jedem sind die vielen Szenen bekannt, wenn Menschen direkt zu Schaden kommen. Die Themen „Gruppe gegen Minderheit" und „Gerechtigkeit in hierarchischen Strukturen" gehören zum Alltag. Allen Situationen ist gemeinsam, dass sie an „sozialen Orten" stattfinden, dass sie öffentlich bekannt sind und dass der Umgang damit noch erheblich verbessert werden muss. Sich konform zu verhalten und autoritären Verhaltensweisen zu folgen, ist weitaus bekannter und geübter, als **„auf die Barrikaden zu gehen"**. Ein Training benötigen wir! Wie ein sich wiederholender Erste-Hilfe-Kurs, der uns stetig unterstützt, den zivilgesellschaftlichen Umgang miteinander zu verbessern, Konflikte auszuhalten und zukunftsweisende Lösungen zu entwickeln.

»*Die Gesellschaft muss in Zivilcourage geschult werden.*«

Der Sinn für Gerechtigkeit

Bei Zivilcourage denken wir an die großen Fragen: „Warum hat er nicht eingegriffen?", oder: „Warum hat der Kollege in dieser brenzligen Situation nichts gesagt?" Was hindert uns daran, den ersten Schritt zu tun? Wie entsteht eine Motivation bzw. ein Sinn dafür, sich für eine gerechte Lösung einzusetzen? Und woher nehmen Menschen die Kraft genau dazu? Was machen sie anders als andere? Diese Fragen wurden in zahlreichen wissenschaftlichen Untersuchungen zum Verhalten von Menschen im Faschismus gestellt, die sich der Diktatur nicht gebeugt hatten. In ihrer sozialen Erscheinung heben sich diese Menschen nicht von der Masse ab. Sie sind nicht besonders reich oder stark. Ihre Geschichten sind Alltagsgeschichten. Ihr menschenwürdiges Verhalten erfolgte oft spontan. Eva Fogelman hat in „Lebensretter im Angesicht des Holocaust"[1] vor allem die Handlungsentscheidungen in bestimmten Situationen untersucht.

»*Empathiefähigkeit steht unmittelbar in Verbindung mit der Bereitschaft zur Zivilcourage.*«

ZIVILCOURAGE

1. Teil – Einführung

Menschen, die während der Nazizeit Juden geholfen haben und sich dadurch selbst in Gefahr brachten, wurden einfach um der jeweiligen Menschen halber aktiv. Ohne große Überlegung lag für sie die couragierte Tat auf der Hand. Verschiedene soziale Einflüsse spielten für ihr Verhalten eine Rolle.

Helfende Menschen haben gelernt, die eigenen Kräfte einzuschätzen. Und sie wissen auch, wie sie diese sicher einsetzen. Fogelman macht vier verschiedene Gruppen aus, die sich um entrechtete Menschen gekümmert haben:

- die religiöse und emotionale Gruppe,
- Menschen mit direkten (verwandtschaftlichen) Beziehungen zu Juden,
- professionelle Helfer, wie Ärzte, Diplomaten etc.,
- Menschen aus den Untergrundorganisationen.

Alle wurden zum Teil bereits in ihrer Erziehung ermuntert und gefördert. Sie wurden **erzieherisch nicht so stark diszipliniert**, dass ihre eigene Entfaltung einschränkt war, und sie hatten ein ausgeprägtes Gefühl für **Gerechtigkeit. Neugier** und **Verantwortungsbewusstsein gegenüber anderen** hatten sie geprägt. Diese Menschen mit Zivilcourage unter der Diktatur hatten ein **Gefühl für das Wohlergehen anderer** erlernt und konnten sich leichter in andere Personen hineindenken. Kurz gesagt: Es handelt sich um **empathiefähige Menschen**. Empathie bezeichnet die dritte Position zwischen Sympathie und Antipathie. Diese menschliche Fähigkeit, sich in andere hineinzuversetzen, bedeutet Mitgefühl zu entwickeln, ohne unbedingt mit den anderen übereinzustimmen. Empathiefähige Menschen sind eher dazu in der Lage, in Konflikten Lösungen zu entwickeln, weil sie im Anderen nicht nur den Feind sehen. Durch diese Fähigkeit können sie den Konflikt aus einer **anderen Perspektive** betrachten und sehen, im Abgleich mit der eigenen Sicht, mögliche Lösungen.

»Zivilcourage fordert einfach aktive Menschen – Menschen wie dich und mich.«

Also waren – entgegen einer allgemeinen Erwartung – die Retter im Faschismus keine „besonderen" Menschen.[2] Vielmehr waren es ihre Handlungsspielräume, die sie in den besonderen Situationen nutzten. Dabei wuchsen sie oft über sich selbst hinaus. Und sie hatten die, wie Wolfgang Heuer es in einer Studie über couragiertes Handeln nennt, **soziale Aufmerksamkeit**[3] für eine Entwicklung in ihrer unmittelbaren Nähe. Sie übernahmen angesichts dieser Entwicklung Verantwortung.

Andere, die im Faschismus nicht bereit waren, zu helfen, die nicht ihrem Mitgefühl folgten und mutlos waren, hatten mehr mit sich

Zivilcourage – der soziale Mut

selbst und der Situation zu tun. Sie fühlten sich hilfloser und waren z.T. auch tatsächlich hilfloser. Zusammenfassend spricht alles dafür, dass Menschen mit Zivilcourage keine Helden sind, sondern ganz normale Menschen, die es schaffen, in extremen Situationen aktiv zu werden. Sie rechnen nicht mit einer Belohnung, sondern gehen das Risiko einer Bestrafung ein. Die Handlungen verschaffen ihnen keinen Lustgewinn. Prägend für dieses Verhalten sind **die Eltern und das Umfeld**, in denen diese Menschen aufwuchsen. **Normen und Werte**, die sich in der sozialen Umgebung widerspiegeln, sind für dieses Verhalten von Bedeutung. Das heißt, wenn sich die Werte in einer Gesellschaft sehr stark verändern, wird es auch für Zivilcourage schwieriger. Und dies kann nach dem Sozialpsychologen Harald Welzer auch sehr schnell geschehen.[4] Wenn zum Beispiel Gewinnorientierung zur wichtigsten Priorität gehört, wird es schwieriger. Oder wenn in Konflikten Krieg wieder zum legitimen Mittel der Politik wird. Auch wenn in einer Gesellschaft Minderheiten verfolgt werden, kann sich ein Veränderungsprozess in Gang setzen. Hinzu kommt außerdem, dass unterschiedliche Wertesysteme nebeneinander bestehen können. Dies macht es unter Umständen schwieriger, zu erkennen, ob die Errungenschaften der Demokratie und der Menschenrechte allein den Hintergrund unseres Handelns bilden.

Einmal verübtes Unrecht bildet **Feindbilder** aus und macht es leicht, Verstöße gegen die Menschenwürde als nicht mehr so schlimm zu erleben. Die kleine böse Tat kann diesen Prozess auslösen, ebenso, wie auch die kleine gute Tat schon große Rettungsaktionen ausgelöst hat. Gernot Jochheim beschreibt dies in seinem Buch „Frauenprotest in der Rosenstraße"[5] eindringlich. Im Februar 1943 begann in Berlin eine große Verhaftungswelle jüdischer Männer. Sie wurden zum Teil von der Arbeit abtransportiert und in das Sammellager „Rosenstraße" gebracht. Ihre Verhaftung sprach sich unter ihren, zum Großteil nicht jüdischen Frauen und Verwandten schnell herum. Diese wollten ihre Männer mit dem Nötigsten, wie Essen und Kleidung, versorgen. Der Auftritt der Frauen entwickelte sich sehr schnell zu einer Demonstration. Das Hauptquartier der Gestapo lag ganz in der Nähe. Doch sie schritt nicht ein. Dafür gab es mehrere Gründe: Militärisch hatte es in diesem Wahnsinnskrieg bereits einige

»Die kleine gute Tat ist der Schlüssel zum Erfolg.«

ZIVILCOURAGE

1. Teil – Einführung

Niederlagen gegeben. Die Widerstandsgruppe „Weiße Rose" hatte kurz vorher von sich Reden gemacht. Man kann sagen, dass es öffentlich brodelte. Die Gestapo entschied sich, dies nicht durch ein gewalttätiges Eingreifen gegen mehrere tausend nicht jüdische Frauen noch weiter zu verschärfen. Da die Frauen jedoch nicht wichen, blieb ihnen nur die Freilassung der verhafteten Männer. **Aus vereinzeltem, couragiertem Verhalten** hatte sich eine **Frauendemonstration** entwickelt. Die Frauen hatten den Mut aufgebracht, in die Rosenstraße zu gehen, dort an den Absperrungen die Polizisten anzusprechen und eindeutig die Freilassung zu fordern. Sie waren unter Einsatz ihres Lebens nicht gewichen und konnten nicht wissen, was ihrem Verhalten folgen würde.

» *Toleranz und Solidarität sind ein wichtiges Mittel gegen Gewalt.*«

Sehr eindringlich hat Hannah Arendt den Zustand der Treue im Nationalsozialismus als „Banalität des Bösen" beschrieben.[6] Sie schreibt über den Eichmann-Prozess in Israel Anfang der 60er-Jahre und versucht, das mangelnde Schuldbewusstsein des angeklagten „Schreibtischtäters" Adolf Eichmann zu erklären, der als eine der zentralen Figuren im Vernichtungsprozess des europäischen Judentums galt. Auch im Nachhinein war ihm nicht bewusst, dass das Unrecht im Nationalsozialismus Gesetz geworden war. Auf der Grundlage einer **öffentlichen Tugend** wie Treue war es ihm moralisch und praktisch möglich geworden, Millionen Menschen in den Tod zu schicken. Dieser Fall macht deutlich, dass es bei der Forderung nach Zivilcourage um mehr gehen muss. **Toleranz** und ein **Klima der Solidarität** für alle Menschen sind nötig, um Gewaltübergriffe auf Schwächere zu verhindern. Neue wie auch alte Feindbilder sollten in der Öffentlichkeit immer wieder kritisch beleuchtet werden. Dies gelingt umso schwerer, je mehr das individuelle Gewinnstreben erste Priorität im Zusammenleben dieser Gesellschaft hat, je mehr jeder und jede nur sich selbst sieht. Unsere Konsumgesellschaft erleichtert nicht das Erlernen von gegenseitiger Anteilnahme oder gar solidarischem Handeln.

» *‚Banalität des Guten' verhindert ‚Banalität des Bösen'.*«

Durch eine „Banalität des Guten" ist das höchste Maß an gegenseitiger Sicherheit gegeben. Mit der „Banalität des Bösen" ist eine Schreckensherrschaft gemeint, die mit Unterordnung, Gehorsam und dem Entzug der individuellen Urteilsfähigkeit einhergeht. Eine „Banalität des Guten" gewährt gegenseitige Sicherheit, weil sie bestimmt ist von Vertrauen, Toleranz und Aufeinanderzugehen. Individuelle Urteilsfähigkeit ist gepaart mit dem Interesse am Nächsten und der Achtung vor anderen Menschen und sich selbst.

Zivilcourage – der soziale Mut

Die kleine Tat

Zivilcourage ist die kleine Tat von Wenigen, die sehr viel nach sich ziehen kann, wie das Beispiel aus der Rosenstraße zeigt. Zivilcourage bezeichnet damit nicht etwas Allgemeines, sondern etwas Relatives. Die kleine Tat steht in Relation zur Scheu oder zur Angst, die jemand hat und die von dieser Person überwunden wird. Es besteht das Risiko, auf Grund des eigenen Urteils einmal **nicht in Übereinstimmung mit anderen** zu sein. Jemand geht das Wagnis ein, etwas auszusprechen, das eigentlich in der Luft liegt, das jede und jeder aussprechen könnte, das aber den ersten Anstoß braucht. Auf Grund dieses Anstoßes hat sich gezeigt, dass das Eis brechen kann und viele dem Beispiel folgen. Je länger geschwiegen wird, desto schwerer wird es für Zuschauende, sich bei ewalthandlungen zu äußern und einzuschreiten. Nicht nur, weil das Risiko immer größer wird, sondern auch, weil sie zu Mitwissenden werden, die sich durch ihr Nichtstun bereits ein wenig mit der Tat „angefreundet" haben.

»*Der erste Schritt ist wichtig, um das Eis zu brechen.*«

Zivilcourage ist nicht nur eine vielbeschworene Tugend. Es ist die **kleine Tat**, die von allen Menschen geleistet werden kann. Es ist der kleine Schritt, der Mut, den eigenen Schatten zu überspringen, ohne sich über die Folgen des eigenen Handelns sicher zu sein, und etwas zu tun, das in bestehenden Gesetzen nicht vorkommt oder gegen diese gar verstößt.

Wie steht es um diese Form des öffentlichen Auftritts? Wird Zivilcourage gern gesehen? Fördern die Erziehungsinstitutionen dieses Verhalten? Im Vordergrund steht bislang immer noch ein anderes Verhalten: die **Eingliederung** in vorgegebene Strukturen, wie in Schulen und Betrieben. In unserem sozialen Miteinander dominieren eher Sachzwänge. Leistungsmaßstäbe haben Vorrang vor einem Verhalten, welches keinen direkten Gewinn bringt. Wir rennen vielen Dingen hinterher und sind von der Zeit gehetzte Menschen. Unterordnung unter diese so genannten Zwänge erschweren es, dem eigenen Urteil zu folgen. Noch schwerer machen es uns die Strukturen, von denen wir existenziell abhängig sind. In der Arbeitswelt sind es Vorgesetzte, die uns zu einem bestimmten Verhalten zwingen. Die Abweichung von diesem konformen Ver-

»*In der leistungsorientierten Gesellschaft herrscht die Angst vor dem ‚Anderssein'.*«

halten macht den Abweichenden erst einmal einsam, macht zum Außenseiter und manchmal auch zum „Nestbeschmutzer", wenn es um die Kritik an der eigenen Organisation geht.

»Die kleine Tat wird von heldenhafter Tat überschattet.«

Hinzu kommt, dass eher das **heldenhafte Verhalten** in der Öffentlichkeit bei Erfolg sehr hoch geachtet wird. Wie Gedenktage, z.B. der zum Stauffenberg-Attentat am 20. Juli, zeigen, sind es meist nicht die kleinen Taten, das abweichende Verhalten oder der Nonkonformismus, die öffentlich gewürdigt werden, sondern eher das märtyrerhafte und das unerreichbar scheinende Verhalten.

»Die Notwendigkeit der Zivilcourage gibt es überall.«

Die Chance, gerade das **alltägliche Handeln** aufzuzeigen und zum Lernmodell für Zivilcourage zu machen, wurde seit Kriegsende kaum genutzt. Eines der wenigen Bücher zum Thema ist: „Ohne Waffen gegen Hitler".[7] Hier, wie auch in der Analyse über Zivilcourage heute, wird deutlich, dass Menschen immer Handlungsspielräume haben und in der Lage sind, soziale Orte „zu bespielen".[8] Solche Orte entstehen überall dort, wo Menschen zusammen sind. Sie sind organisiert nach formalen Kriterien und den informellen sozialen Strukturen. Überall kann die Notwendigkeit für Zivilcourage entstehen. Die Voraussetzung ist, dass die Menschen sich selbst verantwortlich fühlen, statt diese Rolle bei den anderen zu sehen. Und die Frage ist, wie selbstverständlich Menschen selbstlos eingreifen bzw. aus Treue zu ihrem System lieber nicht widersprechen.

Zivilcourage und sozialer Mut

Zivilcouragiertes Handeln kann nach Gerd Meyer sinnvoll in fünf Phasen eingeteilt werden:
1) Wahrnehmung einer Situation,
2) Analyse der Situation,
3) Einschätzung der persönlichen Verantwortung,
4) Entscheidung zur Handlung,
5) die tatsächliche Handlung.[9]

Mit dem hier vorgestellten Training entsteht eine Sensibilität, die die **soziale Aufmerksamkeit** als erste Phase des Einsatzes von Zivilcourage fördert. Der Hinderungsgrund dafür, einzuschreiten, ist Ablenkung. Diese gibt es in einer hektischen Umgebung nur zur Genüge. In der zweiten Phase muss demnach das Ereignis auch **als Notsituation interpretiert** werden. Der Widerspruch ist, dass viele

Zivilcourage – der soziale Mut

Menschen sich schnell dem Urteil der anderen anschließen, wenn die Situation nicht eindeutig ist und es Mut und Reflektionsfähigkeit verlangt, sich ein ganz eigenes Urteil zu bilden. Das ist beispielsweise der Moment, in dem sich um eine schon handgreifliche Situation zwischen zwei Personen ein Pulk von Menschen bildet und niemand es wagt, einzuschreiten. Diejenigen, die dann eingreifen, übernehmen in der dritten Phase für Zivilcourage **Verantwortung** und haben bereits eine Idee, wie geholfen werden kann. Sollten die „Werkzeuge" wie sicheres Auftreten, Kommunikationsbereitschaft, die Fähigkeit, zuzuhören usw. fehlen, wird es für den weiteren positiven Verlauf schwierig. Nur zu schnell eskalieren Situationen, weil sich der Eingreifer oder die Eingreiferin zu stark auf die oder den Täter konzentriert. Sie beleidigen diesen vielleicht oder beachten nicht, dass die weitere Umgebung auch Unterstützung signalisiert. Grundsätzlich muss der Überblick vorhanden sein, ob die eigene Kraft wirklich zum Einschreiten reicht oder ob andere Hilfe, wie die Polizei, geholt werden muss.

Zusätzlich kann es in diesem Moment, wo die Aufmerksamkeit voll da ist und jemand weiß, dass er oder sie helfen will, passieren, dass ein **Schamgefühl** die Barriere ist und er oder sie sich nicht traut. Um die Situation, welche oft einem szenischen Spiel ähnelt, zu unterbrechen, müssen soziale Hemmungen überwunden werden. Der noch Zuschauende wechselt zum aktiven Part und betritt den Schauplatz wie eine Bühne. Wer geht schon im Theater mitten im Stück auf die Bühne und sagt, was nicht in Ordnung ist? Wer tritt aus seiner Clique heraus und spricht an, was gerade wirklich danebenläuft? Und wie schwer ist es, mit der Beschwerde zum Chef zu gehen, dass Kollegen in der Ausbildung benachteiligt werden? Meyer weist besonders in dem Phasenmodell darauf hin, dass die Urteilsbildung in Phase zwei im Zusammenhang mit den **eigenen Werten** steht. Wenn das Geschehen bei einem Streit der Nachbarn nicht im Widerspruch zur eigenen Norm steht, wird nicht eingegriffen. Wenn Kinder beschimpft werden, schon weinen und alles durch die dünnen Wände mit angehört wird, dann kann es sein, dass ein Nachbar der Ansicht ist, das sei die richtige Erziehung. Wenn er von dem Gegenteil überzeugt ist, bleibt trotzdem noch die Frage, ob die Situation als **öffentlich oder privat** angesehen wird. Zivilcourage bildet sich einzig im Zusammenhang mit öffentlichen „Orientierungen einer Gesellschaft". Das mag kompliziert klingen, doch gründet sich der so vielfach verwendete Begriff der Zivilcourage eindeutig auf **Werte, die wir gemeinsam verhandeln.**[10]

》*Der Couragierte muss aus dem passiven Zustand in das ‚Spiel' eingreifen.*《

ZIVILCOURAGE

1. Teil – Einführung

»*Zivilcourage ist den Menschenrechten verpflichtet.*«

Zivilcourage heißt also, aus der eigenen Entscheidung heraus mutig zu sein, aus der Gruppe herauszutreten und sich nicht gruppenkonform zu verhalten, sondern den Mut aufzubringen, Schwächeren aus Notlagen und gegen jede Form von Gewalt zu helfen. Dies geschieht immer öffentlich, richtet sich gegen Diskriminierung jeder Art und ist den Menschenrechten verpflichtet.

Immanuel Kant (1724–1804) beschreibt dies als den kategorischen Imperativ. Er meint die verinnerlichte, selbsterkannte und an einer (erstrebenswerten) allgemeinen Gesetzgebung orientierte Haltung als Maxime für alle Handlungen. Einfach ausgedrückt: **Es gibt eine Pflicht, menschlich zu handeln.** Und diese Pflicht kommt aus der Achtung vor sich selbst als Mensch. Wenn Kinder anfangen, kleine Tiere zu verstümmeln, indem sie testen, einer Spinne Stück für Stück die Beine auszureißen, wird ihrem Handeln entgegengehalten: „Du möchtest doch auch nicht, dass jemand dich so verletzt. Also achte auch das Leben dieser Spinne."
Das heißt, dass Gewalt, die von uns ausgeht, oder Gewalt, die von uns geduldet wird, die wir nicht unterbinden, sich auch gegen uns selbst richtet. Andere Menschen zu achten und sie als Menschen anzuerkennen, birgt die Sicherheit, auch von ihnen geachtet zu werden. **Wenn wir diese Achtung nicht aufbringen, verlieren wir auch die Achtung vor uns selbst.** Da wir mit uns selbst eindeutig die meiste Zeit im Leben verbringen, erscheint es auch aus ganz individuellen Erwägungen heraus sinnvoll, den Mut für couragierte Handlungen aufzubringen.

»*Nicht zu handeln, bedeutet eine steigende Unsicherheit für alle.*«

Zur Klärung der Frage, was uns daran hindert, in Gewaltsituationen einzuschreiten und mit Zivilcourage für Menschenrechte einzutreten, ist das **Erkennen von Widersprüchen** eine Schlüsselqualifikation. Die vordergründige Antwort: „Ich habe Angst und bin auf meine eigene Sicherheit bedacht. Ich werde lieber nicht aktiv", geht nicht auf den Widerspruch ein, dass das passive Verhalten keine höhere Sicherheit bedeutet, sondern die Sicherheit aller Personen eher weiter gefährdet. Gerade die Androhung von Gewalt ruft dieses widersprüchliche Nichtreagieren hervor, das den Konfliktverlauf ungewiss enden lässt. Mehr Wissen über Konfliktverhalten und Konfliktverläufe bedeutet, Widersprüche zu erkennen und Verhalten zu trainieren. Ein Training bringt die wahrscheinlichere Möglichkeit mit sich, im Alltag oder auch im Extremfall den nötigen Mut für eine Reaktion aufbringen zu können. **Sich und die eigene Reaktionsweisen kennenzulernen und das Geschehen nicht anderen zu überlassen**, ist die Devise für das Einüben von Zivilcourage.

Zivilcourage – der soziale Mut

Der „ungehorsame Gehorsam"

Bleibt die wichtige Frage nach einer verpflichtenden höheren Instanz oder, im Sinne Kants, die Frage nach der allgemeinen Gesetzgebung bzw. dem Handeln nach Vernunft. Umso dringlicher wird diese Frage, wenn mit einer couragierten Handlung Ungehorsam oder gar ein Gesetzesübertritt verbunden ist. Der Religionsphilosoph Martin Buber (1878–1965) hat den Ungehorsam in gewissen Fällen als rechtmäßig erklärt, wenn er schreibt: „... in Wahrheit (ist) Gehorsam ... Gehorsam der höchsten Instanz gegenüber".[11] Buber stellte sich die Frage der Rechtmäßigkeit couragierten Verhaltens im Sinne des „zivilen Ungehorsams" in Gedenken an den amerikanischen Schriftsteller und Philosophen Henry David Thoreau (1817–1862), der über die Pflicht zum Ungehorsam geschrieben hat. Buber beschreibt noch ein Stück genauer als Kant, dass die so genannte höhere Instanz, nach der wir uns zu richten haben, nur eine Instanz sein kann, **die immer wieder Fragen und Antworten standzuhalten hat**. Dies entspricht seinem „dialogischen Prinzip", welches davon ausgeht, dass die Widersprüche im menschlichen Verhalten nie gänzlich überwunden werden, sondern im Dialog gehalten werden müssen. Zum begrenzten Gesetzesübertritt, der einer höheren Instanz verpflichtet ist und der dem Akt der Zivilcourage gleichkommt, sagt er: „Nicht wo zu allen Zeiten in allen Räumen legitimer Weise mein gehorchender Ungehorsam beginnt, habe ich zu sagen, sondern wo er jetzt und hier beginnt."[12] Damit wird deutlich, dass es nicht darum geht, zwanghaft an einmal festgelegten Normen festzuhalten, sondern dass diese sich immer wieder aus dem Wechsel von Frage und Antwort klären müssen und dass dies sich historisch verändert. Wenn wir Widersprüche im menschlichen Verhalten sehen und in der Folge Menschen bedroht oder sogar vernichtet werden, ist Zivilcourage gefordert.

»Zivilcourage heißt, sich immer wieder neu mit seinem Umfeld auseinanderzusetzen.«

Jetzt sollte ich mal Nein sagen!

Falsche Zivilcourage

Eine ziemlich neue Frage im Umgang mit Zivilcourage in offenen Gesellschaften mit relativ viel Partizipation ist, ob zum Teil die Forderungen nach „guten Werten" und Zivilcourage für die Befriedung sozialer Verhältnisse aus Machtinteressen eingesetzt werden. Nicht immer ist allein die Forderung nach Zivilcourage das Gute

»Ambivalentes Verhalten kann ‚falsche Zivilcourage' verursachen.«

ZIVILCOURAGE

1. Teil – Einführung

an sich und schon die Lösung. Mit der Achtung auch gegenüber Menschen, von denen Unruhe und Konflikte ausgehen, kommen wir auf den Kern ihrer Kritik. Menschen, die gegenüber dem „Mainstream" schnell ins schiefe Licht geraten, benötigen Achtung, um nicht immer wieder ganze Gruppen kollektiv vorzuverurteilen. Dies betrifft zum Beispiel männliche Jugendliche mit einem anderen kulturellen Hintergrund als dem der Mehrheitsgesellschaft sehr stark.

Die Ambivalenz im menschlichen Verhalten findet auf diesem Weg ihre Berücksichtigung. Sie zeigt sich wie bei den beiden Seiten der Angst, dem Alarmsignal als Schutz oder als Flucht. Auch die Aggression als Verhalten der Annäherung wie auch der Eskalation bietet die beiden Seiten. Und gerade die Vorurteile stehen in dieser Ambivalenz, die uns leiten und unerlässlich sind wie auch fehlleiten, blind machen und Zivilcourage verhindern.

»*Die Selbstreflektion ist ein notwendiger Begleiter.*«

Welches Bild entsteht im Kopf, wenn eine Gruppe männlicher Jugendlicher in der S-Bahn laut ist und andere sich belästigt fühlen? Sehen Einzelne sich gezwungen, sofort einzugreifen, weil ihr persönliches Ungerechtigkeitsempfinden geweckt wird – beeinflusst von verstärkten Medienberichten? Werden tragische, aktuelle Erinnerungen aktiv, bei denen Jugendliche Passanten vor allem nach einer direkten Ansprache angegriffen und schwer verletzt haben – und verfälschen die aktuelle Szenerie? Oder stört das laute Gejohle der Jugendlichen vielleicht nur das eigene Ruhebedürfnis und den dazugehörigen moralischen Wert „angemessenes Verhalten in der Öffentlichkeit"? Ist es also demnach keine Notsituation, sondern ein persönliches Gefühl von Störung? Handelt der Eingreifende vielleicht aus Angst vor möglicher Eskalation und dadurch auch unreflektiert, sodass die Situation durch die Art des Handelns erst eskaliert?

Es ist wichtig, den eigenen Drang des Eingreifens, Feindbilder im Kopf und eigene Ängste zu reflektieren. Das vermehrte Aufkommen von „Bürgerwehren" ist ein Beispiel dafür, dass vermeintlich zivilcouragiertes Verhalten in eine ganz andere Richtung gehen kann. Dies sollte unbedingt hinterfragt und erhellt werden, um nicht mit dem Ruf nach Zivilcourage ihr Gegenteil zu bewirken.

Das kennt man doch, die prügeln doch gleich los!

Zivilcourage – der soziale Mut

Zivilcourage auf den Punkt gebracht

Die genannten Beispiele zeigen auf, dass es gegen Gewalt, gegen Rassismus und gegen menschenverachtendes Verhalten durchaus Handlungsmöglichkeiten gibt. Es gibt Beispiele für Zivilcourage, die zeigen, dass diese öffentliche Tugend einen Anstoß gegeben hat, um Willkür und Gewalt zu widerstehen.

In einem entscheidenden Phänomen des 20. Jahrhunderts – der „Macht der Masse"[13] – zeigt Zivilcourage, dass sich etwas gegenläufig bewegen kann, wenn viele Einzelne bereit sind, im Dialog Meinungen auszutragen. Wenn sie Verantwortung nicht nur für sich, sondern auch für Schwächere übernehmen. Und wenn Toleranz und Kooperation öffentlich gezeigt werden. Es gibt noch erheblich mehr Wissenswertes über diese Kraft, die Menschen dazu bringt, einzugreifen. Die zitierten Analysen haben vorerst deutlich gemacht, **dass sehr viel in der Entwicklung eines Menschen von anderen Menschen abhängt.** Seine Sozialisation und das gesellschaftliche Umfeld lassen entweder mehr die „Banalität des Bösen" herrschen oder erzeugen eine (sehr verkürzt ausgedrückt) „Banalität des Guten". Wenn das Gute zum Umgang gehört, sind Solidarität und Unterstützung für alle Menschen statt Konkurrenz und Diskriminierung die Norm. Um zu wissen, welche Zivilcourage nötig ist, bedarf es immer wieder der Aufgabe, Fragen zu stellen und Antworten zu suchen. Ein **Klima der Angst wirklich zu verstehen**, wenn die fördernden Faktoren bereits von vielen verinnerlicht sind, ist eine der größten Schwierigkeiten. Die Erfolgsaussichten sind weiterhin abhängig von der **„Struktur der sozialen Orte"**, damit sind Machtverhältnisse, gültige Normen der formellen und informellen sozialen Beziehungen gemeint. In Form einer Landkarte mit einem Beziehungsgeflecht und den verschiedenen Ebenen von Abhängigkeiten der Menschen untereinander ließe sich für jeden Ort bzw. jede Region oder Gesellschaft ein Bild zeichnen und so ein struktureller Überblick gewinnen. Aus diesem Überblick ließe sich auch die Frage nach der nötigen Zivilcourage beantworten.

»*Die Handlungsspielräume sind da, und es gibt genügend Möglichkeiten, aktiv zu werden.*«

»*Die verschiedenen Faktoren für Zivilcourage sind abhängig vom Umfeld des Einzelnen.*«

Was also ist Zivilcourage?

Für die demokratische Gesellschaft, in der wir leben, folgt:

- Zivilcourage ist die Haltung von Menschen mit einem **humanen Verständnis**, keine Handlung des Affektes und auch keine Antihaltung.
- Zivilcourage ist eine **helfende Handlung** in der **Achtung vor anderen Menschen und sich selbst**.
- Bei Zivilcourage geht es um die **Stärkung von schwächeren Menschen** und nicht um die vermeintliche Stärke aus der Schwäche heraus. Sie hat nichts mit Mannhaftigkeit oder Heldentum zu tun.
- Zivilcourage deckt im historischen Kontext **Widersprüche menschlichen Verhaltens** auf und gibt sich nicht mit Teillösungen zufrieden.
- Zivilcourage ist **individuelles Verhalten** von Menschen, die bereit sind, sich in andere Menschen **einzufühlen**.
- Zivilcourage verlangt **unabhängige Menschen**, die frei genug sind, Gruppenmeinungen zu widerstehen, die sich aber auch genug für andere interessieren und einsetzen.
- Zivilcourage bezieht auch den **Übertritt bestehender Normen** ein, wenn dies menschlichen Zielen dient.
- Zivilcourage ist die Chance, im Sinne eines **„gehorchenden Ungehorsams"**[14] Veränderungen in einer Gesellschaft hin zur Ungerechtigkeit in Frage zu stellen.
- Zivilcourage verlangt den Sprung ins Ungewisse mit der **Gewissheit, sich für den Menschen einzusetzen**.
- Zivilcourage erfordert **Urteilsvermögen und Standfestigkeit**.
- Zivilcourage ist **lernbar**, wenn wir uns der eigenen Angst gegenüber nicht feindlich verhalten, sondern die Angst als Signal der Warnung und ggf. als Aufforderung zum aktiven Verhalten verstehen.
- Zivilcourage ist nicht heroisch, sondern **banal**.
- Zivilcourage gibt nicht nur den moralischen Kern eines Menschen zu erkennen. Es ist eine **aktive Haltung** für etwas und wird öffentlich wirksam.

Zivilcourage – der soziale Mut

Arbeitsvorschläge

Die verschiedenen Arbeitsvorschläge in den nachfolgenden Kapiteln beziehen diese Ambivalenzen und mehrere Ebenen des Lernens ein. Zum einen werden die Ursachen von Gewalt und menschenfeindlichem Verhalten analysiert wie auch die Strukturen des Umfelds in jeder Situation diagnostiziert. Und zum anderen ist die jeweilige Person der Lernenden und ihr emotionaler Bezug zum Thema von großer Bedeutung. Über die Emotionen schaffen wir einen Zugang zu den Interessen und Bedürfnissen in schwierigen Situationen und finden dadurch Wege zur konstruktiven Konfliktlösung.

Dieses Buch hat sich zwei Ziele gesetzt und stellt sich somit einer doppelten Herausforderung:

1. **Reflektion und Analyse für Anleitende.** Die Anleitenden sollen sich ausführlich mit den Hintergründen von Zivilcourage beschäftigen und mit den Besonderheiten der Anleitung eines solchen Themas auseinandersetzen.
2. **Methodenvermittlung zur Planung und Durchführung von Zivilcourage-Trainings** sowie die sinnvolle **Implementierung** in eine größere Struktur.

Auf Grund der Wichtigkeit des ersten Ziels folgt im nächsten Kapitel eine ausführliche Beschreibung für Anleitende, was bei der Arbeit mit Jugendlichen zum Thema Zivilcourage beachtet werden sollte und wie mit schwierigen Situationen während eines Zivilcourage-Trainings umgegangen werden kann.

Train the Trainer: Qualitätsstandards für ein Zivilcourage-Training

> Stuhlkreis gibt's nur im Kindergarten!

> Für mich ist es keine Gewalt, wenn die Mutter ihr Kind haut.

> Heul doch, du Opfer!

> Es hat geklingelt, und tschüss!

> Ist mir doch scheißegal, wenn die Alte fertiggemacht wird!

»In Zivilcourage-Trainings müssen bestimmte Grundsätze eingehalten werden.«

Unabhängig von der Dauer und Struktur eines Zivilcourage-Trainings gibt es gewisse Grundsätze, die eingehalten werden sollen. Diese Grundsätze können zum einen dabei unterstützen, dass oben genannte Aussagen von Jugendlichen in einem Zivilcourage-Training nicht zum Tragen kommen, oder als Unterstützung genutzt werden, um mit solchen Aussagen als Anleitende umzugehen. Zu jedem Grundsatz gibt es ein Optimum, welches unter Idealbedingungen durchgeführt werden kann. Die Realität gibt jedoch oft suboptimale Rahmenbedingungen in Schule oder Jugendeinrichtung vor.

Daher hier der Versuch, zusätzlich zum Ideal auch realistisch-umsetzbare Bedingungen für ein gelingendes Zivilcourage-Training zusammenzustellen. Das Minimum sollte selbst unter ungünstigsten Bedingungen eingehalten werden, um einen geeigneten Rahmen für die teilnehmenden Jugendlichen zu gewährleisten und verantwortungsbewusst solch ein Training durchzuführen.

Train the Trainer | Info

Durchführende und Zielgruppe

Mehr als empfehlenswert sind **zwei Anleitende**, die unabhängig von der Gruppengröße das Training gemeinsam durchführen.

Führt eine Klassenlehrkraft das Training durch, ist es sehr hilfreich, einen weiteren Trainer oder eine weitere Trainerin hinzuzuholen. Schulsozialarbeiter oder Kollegen aus anderen Einrichtungen können ein gemischtes Team bilden, welches verschiedene Perspektiven einbringt.
Idealerweise ist das Trainerteam **gemischtgeschlechtlich** und hat **unterschiedliche soziokulturelle Hintergründe**. Selbst wenn die Zusammenstellung der Teilnehmenden eher homogen ist, wird das Training vom großen Erfahrungsschatz der unterschiedlichen Anleitenden profitieren.[15]
Es kann sehr hilfreich sein, wenn mindestens einer der Anleitenden der Gruppe **unbekannt** ist, weil keine feststehende Rolle in der Gruppe besteht und auf Seite des Anleitenden keine verfestigten Meinungen über einzelne Jugendliche existieren.
Ein Zivilcourage-Training alleine durchzuführen, ist suboptimal, aber unter gewissen Bedingungen und mit Einschränkungen möglich. Besonders ab einer Gruppengröße von 15 Teilnehmenden sollte der oder die Durchführende sich der Anstrengung und Verantwortung vorher bewusst sein und die Methoden entsprechend wählen. Emotional tiefgehende oder konfliktträchtige Situationen werden von einer einzelnen anleitenden Person kaum angemessen bearbeitet werden können. Bei alleiniger Durchführung des Trainings müssen vor allem die Punkte unter „Eigene Haltung" beachtet werden, da keine Unterstützung zur Selbstreflektion vorhanden ist.

Die Trainings in diesem Buch sind in erster Linie für das System Schule geschrieben, können aber auch gut in der außerschulischen Jugendarbeit eingesetzt werden.
Eine Grundfrage, die sich Anleitende stellen sollten, ist, ob sich die Gruppe der Teilnehmenden kennt, ob also z.B. schon eine Gemeinschaft besteht. Wenn ja, ist die Frage, ob das Gruppengefühl eher positiv oder eher angespannt ist. Oder ist die Gruppe sich fremd? Ein Zivilcourage-Training kann auch dann durchgeführt werden, jedoch empfiehlt es sich, dass sich die Teilnehmenden **bereits kennen**. Falls gewisse Gruppendynamiken und Rollenkonstellationen in einer Klasse schon relativ verhärtet sind, können diese auch mit einem Zivilcourage-Training verbessert und aufge-

»Das Trainerteam sollte, wenn irgendwie möglich, zu zweit sein.«

»Eine vertrauensvolle Atmosphäre in der Gruppe ist sehr wichtig.«

lockert werden. Wichtig ist dabei, dass die Anleitenden mögliche Rollenkonstellationen im Blick haben und sehr achtsam sind. Fragen wie **Freiwilligkeit, geschützter Rahmen, Motivation und Gruppenatmosphäre** sind immer wichtig, jedoch besonders im schulischen Kontext eine große Herausforderung. Sie werden im Folgenden gesondert betrachtet.

Haltung und Rolle der Anleitenden

Bei der Haltung der Anleitenden gibt es kein Optimum und Minimum, sondern nur eine **grundlegende Haltung**, die immer bestmöglich angestrebt werden sollte.[16] Äußere Bedingungen können dieses Anstreben erleichtern oder erschweren, aber letztendlich hängt es von der Bereitschaft der Anleitenden ab, ihre eigene Haltung im Seminar zu reflektieren und als ständige Vorbildfunktion für die Jugendlichen zu dienen.

»Die Anleitenden haben die Rolle der Regelhüter.«

Es ist unabdingbar, mit der Gruppe gewisse **Umgangsregeln** zu vereinbaren. Dazu zählen beispielsweise **„Zuhören"**, **„Respektvoller Umgang"** und **„Jede Person spricht für sich"**. Mit dieser Vorgabe können weitere Regeln aus der Gruppe erarbeitet und festgehalten werden. Schon vorhandene Gruppenregeln sollten benannt und ggf. erweitert werden. Was zusätzlich genannt wird, variiert sehr stark nach Gruppendynamik und Situation. Das Team kann sich auch entscheiden, bestehende Regeln zu erfragen, und darauf aufbauen. Dies kann dann sogar zu einer Erweiterung der Erarbeitung von Umgangsregeln und Konsequenzen in einer umfangreichen Lerneinheit führen. Dies hängt von der vorhandenen Gruppenatmosphäre, den Rahmenbedingungen und der Zielsetzung des Trainings ab. Zusätzlich zu der Eigenverantwortung der Gruppe sind die Anleitenden als „Regelhüter" dafür verantwortlich, dass Regeln eingehalten werden und Konsequenzen auf Verstöße folgen. Hierbei sollte auf ein gutes Verhältnis geachtet werden, um mit den Regeln konsequent für eine gute Atmosphäre zu sorgen. Wenn der Rahmen einer Zusammenarbeit gut aufgebaut ist, fällt das gemeinsame Arbeiten leichter. Dabei entwickelt sich ein Modell der gegenseitigen Unterstützung statt der in Lern- und Alltagssituationen vielfach herrschenden Herabsetzung.

Train the Trainer

Es gibt keine falschen Aussagen

Insgesamt besteht eine große Herausforderung in der **inneren Haltung** und **Rolle** von Anleitenden, am schwierigsten ist vielleicht der wertfreie Umgang mit Äußerungen der Jugendlichen. Besonders für Lehrkräfte kann es sehr schwer sein, aus der Rolle der Bewertenden herauszutreten, weil dies im Gegensatz zu einer ihrer Hauptaufgaben im Alltag steht. In einem Zivilcourage-Training (wie auch in anderen konfliktpädagogischen Trainings und Alltagssituationen) ist es dringend notwendig, die Meinungen der Einzelnen nicht zu beurteilen oder zu bewerten, sondern sie als eigene Meinung stehen zu lassen. Die Assoziation, **mit unterschiedlichen Sichtweisen zu jonglieren**, kann dabei helfen. Man hält sich und seine eigene Meinung erst einmal sehr stark zurück. Dass ein Zivilcourage-Training nicht mit Schulnoten bewertet werden kann, ist (hoffentlich) selbstverständlich, hier ist von einer geäußerten moralischen Bewertung und Beurteilung die Rede. Die Aussage eines Schülers: „Heul doch, du Opfer!" muss als Beleidigung vom Trainerteam angesprochen werden, der mögliche Hintergrund (z.B. fehlende Empathie, Wut, Frust, Stress) kann als Gesprächsgrundlage genutzt werden.[17] Die Aussage: „Ist mir doch scheißegal, wenn die Alte fertiggemacht wird!" sollte definitiv von den Anleitenden angesprochen und als Gesprächsgrundlage genutzt werden, jedoch nicht als unmoralisch oder gar als falsch dargestellt werden.

Eines der Hauptziele eines Zivilcourage-Trainings ist es, mit den Teilnehmenden über ihre Verhaltensweisen in **erlebten oder beobachteten Situationen** ins Gespräch zu kommen, sie zu analysieren und ggf. Handlungsalternativen zu erlernen. Dieser Prozess wird unmöglich, wenn die Teilnehmenden nicht ihre Auffassungen und Verhaltensweisen offen darlegen können, weil sie gesellschaftlich oder persönlich von den Anleitenden nicht akzeptiert werden. Bei der eben genannten Beispielaussage können die Anleitenden froh sein über diese ehrliche Aussage und die sich daraus ergebende Möglichkeit, ins Gespräch zu kommen. Die notwendige Toleranz, um auch Widersprüche auszuhalten, wird von den Anleitenden gefordert.[18] Dies ist oft leichter gesagt als getan, denn mit einigen Aussagen können Teilnehmende die Anleitenden an ihre Grenzen bringen. Wichtig ist der selbstreflektierte Umgang des Trainerteams mit eigenen Grenzen und eigenen starken Gefühlen, wie Aggression, Wut und Verletzung.

»*Die Anleitenden sollten versuchen, die eigene Meinung zurückzuhalten.*«

»*Gut, dass unbeliebte Aussagen offen ausgesprochen werden – dann sind sie transparent.*«

„Ich platz gleich, wenn der nicht sofort seinen Mund hält ..."

»Es gibt kein Richtig und kein Falsch!«

Auch bei nichteskalierenden Äußerungen von Jugendlichen oder innerhalb einer Diskussion fällt das Nicht-Bewerten und Nicht-Beurteilen meist schwer. Pädagogisch Anleitende tendieren oft dazu, Fragen zu stellen und die „richtigen" Antworten schon im Kopf zu haben. Bei der Aussage „Für mich ist es keine Gewalt, wenn die Mutter ihr Kind haut!", sollten Anleitende nicht so lange die Hintergründe hinterfragen, bis der Jugendliche von der Meinung der Anleitenden überzeugt oder resigniert ist. Das Interesse und das Verstehen-Wollen der unterschiedlichen Meinungen sollten seitens der Anleitenden aufrichtig sein.

Diese Reflektionsmöglichkeit wird für einen einzelnen Trainer sehr schwierig und ist einer der wichtigsten Gründe, warum die Anleitenden mindestens zu zweit sein sollten. Anleitende können sich als hilfreichen Lehrsatz merken: **„Es gibt keine FALSCHEN Aussagen."**

»Die Vorbildfunktion der Anleitenden ist maßgeblich.«

Die Vorbildfunktion der Haltung und der Handlungen der Anleitenden ist hier maßgeblich. Sie üben mit den Jugendlichen im Training u.a. ein, wie sie konstruktiv mit Aggressionen und Überforderung umgehen können.[19] Anhand des Verhaltens der Anleitenden in Konfliktsituationen und an ihrer Kommunikation im Training erleben die Jugendlichen „live", wie das umgesetzt wird. Um die Trainingsinhalte authentisch umzusetzen, müssen die Anleitenden dies nicht fehlerlos, sondern bemüht und bestmöglich vorleben.

Freiwilligkeit

»Wie ist die Motivation der Teilnehmenden?«

Besonders im Kontext Schule ist häufig die Teilnahme an dem Zivilcourage-Training nicht selbst gewählt. Oft haben Erwachsene entschieden, dass die Klasse oder der Jahrgang eine Projektwoche oder einzelne Projekttage zum Thema Zivilcourage durchzuführen hat. Diese Projektzeit zählt als Unterrichtszeit, und somit ist die Anwesenheit der Jugendlichen verpflichtend. Nicht selbst gewählt ist nicht das Gleiche wie unfreiwillig, dennoch kann es passieren, dass einzelne oder mehrere Teilnehmende dem Thema und dem Training unmotiviert oder auch verweigernd gegenüberstehen. Das Freiwilligkeitsprinzip ist dennoch gut innerhalb des unfreiwilligen Rahmens der Unterrichtszeit umzusetzen und hängt sehr stark von der Herangehensweise und inneren Haltung der Anleitenden ab.

Train the Trainer

Für die Anleitenden ist dringend zu beachten: Ob ein Jugendlicher sich aktiv an einer Zivilcourage-Übung beteiligt, wie viel und was er von seinen eigenen Erlebnissen erzählt, muss freiwillig sein. Innerhalb des Schulsystems ist es meist sehr befremdlich und verunsichernd für Jugendliche, wenn ihnen angekündigt wird, z.B. auf Grund emotionaler Überforderung aus einzelnen Übungen aussteigen zu können. Daher kann es reichen, wenn die Anleitenden diese Form des Freiwilligkeitsprinzips verinnerlicht haben und die Teilnehmenden nicht zu Aussagen drängen.

»*Wie viel jemand im Training von sich preisgibt, ist freiwillig und kann nur durch Motivation gefördert werden.*«

Ein weiterer wichtiger Aspekt der Freiwilligkeit ist die Entscheidung, bei welchen Übungen die Kleingruppenzusammenstellungen selbst gewählt werden dürfen. Wenn in Kleingruppen oder Paaren gezielt persönliche Erfahrungen ausgetauscht werden sollen, empfehlen wir die freiwillige Zusammensetzung – hierbei muss gewohnt sensibel darauf geachtet werden, dass ggf. auch Außenseiter in einer Gruppe unterkommen, notfalls gemeinsam mit einem Anleitenden arbeiten.

»*Durchmischte oder selbstgewählte Gruppenzusammenstellungen.*«

Lehrkräfte und pädagogisch Anleitende können durch unterschiedliche Faktoren den Aspekt der aktiven Teilnahme positiv beeinflussen, erzwingen können sie ihn aber nicht. Die Hauptfaktoren in der Verantwortung und im Beeinflussungsspektrum der Anleitenden sind die **Gruppenatmosphäre** und die **Motivierung der Einzelnen**, wie auch ihre Vorbildfunktion in **Haltung und Verhalten gegenüber den Teilnehmenden**.

Gruppenatmosphäre und Motivation

Eine **positive Gruppenatmosphäre** ist für ein sinnvolles Zivilcourage-Training unabdingbar. Nur wenn die Teilnehmenden Spaß haben, sich wohlfühlen und einander (zumindest während des Seminars) vertrauen, werden sie aktiv an den Übungen teilnehmen. Übungen zum Spaßhaben, zur Gruppenstärkung, Kooperation und Auflockerung sind somit nicht einfach nur spielerische Intermezzos oder Zeitvertreib, sondern ein wichtiger Bestandteil des Seminars und nicht zu vernachlässigen oder zu unterschätzen.
Es ist die Verantwortung der Anleitenden, die Übungen und Beispiele so zu wählen und den eigenen Enthusiasmus so offenzulegen, dass die Teilnehmenden Spaß haben und sich wohlfühlen.

»*Spaß fördert die Motivation enorm.*«

Methoden sollten immer so gewählt oder modifiziert werden, dass die Anleitenden sich damit wohlfühlen. Abwechslungsreiche Methoden, interessante Themen und motivierend-humorvolle Moderation sind die Schlüssel zu einer positiven Gruppenatmosphäre. Je spannender die Jugendlichen das Training finden, desto höher ist ihre Motivation und desto aktiver werden sie sich beteiligen.

»*Wechselnde Gruppenkonstellationen und abwechslungsreiche kurze Methoden fördern die Dynamik.*«

Eine Herausforderung für Anleitende sind die Gruppeneinteilungen bei Spielen und Übungen, sodass **starre Gruppenkonstellationen aufgelöst** werden (Ausnahme siehe Abschnitt Freiwilligkeit). Durch abwechslungsreiche kurze Methoden können immer wieder neue Gruppenkonstellationen entstehen.[20] Für die Teilnehmenden ist transparent, dass ggf. unerwünschte Konstellationen nicht von Dauer sind. Zusätzlich besteht die Möglichkeit, dass Fremde eine Gemeinsamkeit finden, die sie verbindet.

»*Feste Abläufe und Rituale sind wichtig für eine geeignete Atmosphäre.*«

Für die Gruppenatmosphäre sind weiterhin **feste Abläufe und Rituale** wichtig (bei mehrtägigen oder mehrteiligen Seminaren), z.B. zur Mitteilung der persönlichen Verfassung der Teilnehmenden. Eine empfehlenswerte Methode ist eine **Anfangsrunde**. Diese ist wichtig, damit jeder, einschließlich der Anleitenden, mitteilen kann, wie der Gemütszustand ist. Ist jemand z.B. wegen etwas Außerschulischem wütend, schlecht gelaunt, traurig oder hat schlecht geschlafen, ist es für alle gut, dies zu wissen, sodass Anleitende und Teilnehmende sich darauf einstellen können.
Es liegt in der Eigenverantwortung der Teilnehmenden, auf ihren Gemütszustand hinzuweisen, und in der Verantwortung der Anleitenden und dem Rest der Gruppe, dies beim Trainingsablauf zu berücksichtigen. Genauso kann in der Anfangsrunde besonders gute Laune oder ein tolles Erlebnis mitgeteilt werden.
Kurz, knackig, witzig sollte die Anfangsrunde sein, immer mit einer anderen Zusatzfrage (Was würde ich mit einer Million Euro machen? Wo wäre ich am liebsten, wenn nicht gerade hier? Was will ich später mal werden?).
Manche Anleitende führen zusätzlich eine Abschlussrunde durch.

»*Vorsicht vor 'Überpädagogisierung'*«

Hierbei, sowie generell bei solchen Ritualen, sollte die abnutzende Gefahr der „Überpädagogisierung" im Blick behalten werden.

Feedback

Eine Erfolgskontrolle ist nur möglich, wenn im Voraus Ziele, gewünschte Entwicklungsschritte oder Erfolgskriterien festgelegt werden. Diese kann das Trainerteam selbst für sich vor dem Training benennen oder gemeinsam mit der Gruppe zu Beginn des Trainings erarbeiten. Weder das Team noch die Gruppe sollten sich mit zu hohen Erwartungen überfordern und vor allem bei der Festlegung den eingeschränkten Zeitrahmen berücksichtigen.

»*Erwartungen und Ziele sollten offengelegt werden, um Missverständnissen vorzubeugen.*«

Am Ende des Seminars sollten die Anleitenden auf jeden Fall eine Rückmeldung der Teilnehmenden erfragen, als Unterstützung dienen viele unterschiedliche Methoden. Wichtig ist die Rückmeldung auf mehreren Ebenen, z.B. **Spaß, Lernstoff, Neuheit, Gruppe, Anleitende, Atmosphäre, Vorbereitung auf Bedrohungssituationen, eigene Beteiligung** etc.

»*Eine Rückmeldung dient als Erfahrungsschatz für die Trainerteams wie auch für die Gruppe.*«

Anleitende sollten die Feedbackrunden auch nutzen, um unter Berücksichtigung von konstruktiven Feedbackregeln der Gruppe rückzumelden. Zusätzlich können bei mehrteiligen Trainings die Morgen- bzw. Anfangsrunden als Zwischenfeedback genutzt werden (z.B. „Eine Sache, die ich gestern gut fand, eine, die ich nicht gut fand" oder allgemeiner: „Was möchte ich zum Trainingstag gestern noch sagen?"). Das Thema Feedback – speziell „Schülerfeedback" – ist in den letzten Jahren vermehrt erforscht worden[21] und sollte von den Anleitenden genutzt werden.

»*Feedback kann gut als Methode für den Alltag dienen.*«

Über eine Sache habe ich mich gestern wirklich gefreut ...

Für die Jugendlichen ist es eine motivierende Form der Anerkennung, wenn ihnen nach Beendigung des Zivilcourage-Trainings ein Zertifikat über die erarbeiteten Inhalte ausgehändigt wird.

»*Ein Zertifikat motiviert die Teilnehmenden zusätzlich.*«

Organisatorisches

Optimal ist es, wenn das Training außerhalb der Schule oder gewohnten Einrichtung stattfinden kann. Benachbarte Jugend- oder Gemeindehäuser oder andere externe Räumlichkeiten verdeutlichen die **Andersartigkeit des Lerncharakters**. Ideal ist weiterhin, wenn die Pausenregelung flexibel gehandhabt werden kann.

»*Ideal sind flexible Pausenzeiten und ein Trainingsort außerhalb der Schule.*«

Dann kündigen die Anleitenden zu Beginn die Menge und Länge der Pausen an, vereinbaren mit der Klasse, dass diese nach Beendigung einer Übung stattfinden, anstatt um eine genaue Uhrzeit. In einigen Klassen ist dies trotz Pausenklingeln möglich. Wenn ein flexibler Umgang mit Pausen auf sehr großen Unmut stößt oder organisatorisch schwierig ist, sollte dennoch ein Umgang mit der Pausenklingel geklärt werden.

»*Die Nutzung des Stuhlkreises und eine gute Vorbereitung sind empfehlenswert.*«

Auch wenn das Zivilcourage-Training im gewohnten Klassenraum stattfindet, ist die Raumausstattung und Vorbereitung sehr wichtig. Kleingruppenräume oder zumindest Kleingruppenecken sind sehr hilfreich. Empfehlenswert ist es, im Stuhlkreis zu arbeiten. Dies unterstützt die Auflösung des alltäglichen Unterrichts, erleichtert die Kommunikation und ermöglicht erst eine abwechslungsreiche Methodenvielfalt. Material sollte gut vorbereitet werden und die Anleitenden dennoch gleichzeitig flexibel sein, um sich auf Gruppenprozesse einstellen zu können.

»*Das Timing sollte flexibel sein.*«

Wichtig ist, dass alles Organisatorische geklärt wird, bevor richtig begonnen wird. **Zeiten, Pausen, Absprachen, Toilettenregelungen ggf. Lernform** und ein **grober inhaltlicher Rahmen** sollten transparent sein, bevor gemeinsam das Training begonnen wird. Die zeitlichen Abschnitte des Trainerteams sollten inhaltlich nicht überfrachtet werden. Sie sollten sich genügend Methoden aneignen, damit **Flexibilität** und **Sicherheit** vorhanden sind. Manchmal funktioniert eine Methode nicht wie geplant, geht viel schneller oder dauert viel länger als gedacht, oder man merkt, dass eine vorbereitete Übung für die spezifische Gruppe oder momentane Situation nicht passt. Ratsam ist es dann zum einen, Alternativmethoden und Übungen parat zu haben, zum anderen aber auch, ggf. zuzulassen, dass vorbereitete Methoden nicht durchgeführt werden.

Gruppenprozesse sollten nicht auf Grund von Zeitdruck gestresst oder gestört werden. Dies ist vor allem innerhalb einer Schule oft schwierig. Lehrkräfte sollten versuchen zu genießen, dass kein Lehrplandruck besteht, sondern prozessorientiert entschieden werden kann.

Aufbau dieses Buches

Am Anfang der nachfolgenden Kapitel steht jeweils ein **Einführungstext**, der in erster Linie den Anleitenden helfen soll, sich in das Thema einzuarbeiten. Die Kenntnisse können anhand der Literaturhinweise vertieft werden. Es folgen **ausgewählte Methoden** zum jeweiligen Schwerpunkt. Alle sind nach dem unten stehenden Schema beschrieben. **Wählen, variieren** und **modifizieren** Sie die Methoden so, dass Sie sich damit **wohlfühlen** und dass sie dem Stand der Gruppe angemessen sind. Wie die Kapitel in sich, folgt auch ihre Abfolge einer empfehlenswerten Struktur. Erfahrungsgemäß sollten Sie **zuerst über den Gewaltbegriff und die Gewalterfahrungen** sprechen. Ab S. 136 finden Sie **Vorschläge für ganze Trainingstage und Projekteinheiten**.

Im Text finden Sie ggf. Verweise auf Informationen *I*, Methoden *M* und Kopiervorlagen *KV* an anderer Stelle. Die Fußnoten finden Sie gebündelt ab S. 152.

Methodenaufbau

Kurzbeschreibung: Hier wird das **Ziel** der Übungen genannt. Außerdem sind die **wichtigsten Informationen** zur Methode aufgeführt, sodass ein schneller Überblick leicht möglich ist.
Zeit: Lediglich grobe Empfehlungen.
Ablauf: Hier wurden eigene Erfahrungen eingearbeitet. **Variationen** und **Modifikationen** sind erwünscht; die Methoden sollten der Anleiterpersönlichkeit wie auch dem Stand, Charakter und Alter der Teilnehmenden angepasst werden.
Variante: Unter dieser Rubrik werden des Öfteren Veränderungsvorschläge für den Ablauf gemacht. Dies erweitert den vorhergegangenen Ablauf und soll dazu anregen, weitere Variationen zu **ergänzen** oder diese Methode mit anderen zu **kombinieren**.

Auswertung: Diese ermöglicht es, gemeinsam Erarbeitetes **zusammenzufassen, festzuhalten, Inhalte zu überprüfen und zu hinterfragen**: „Was ist angekommen?", „Woran könnte weitergearbeitet werden?" Die Auswertungsfragen können schon vor der Übung durch eigene Fragen ergänzt werden. Damit ist es manchmal leichter, die Übung anzuleiten. Wo keine Auswertung nötig ist, finden Sie einen Hinweis in der Beschreibung.
Tipps für die Anleitenden: Diese Rubrik enthält neben den vorangegangenen wichtigen „Train-the-Trainer"-Anleitungen konkrete Hinweise zum **Verhalten des Teams**.

Info | 1. Teil – Einführung

2. Teil **Trainingsmodule**

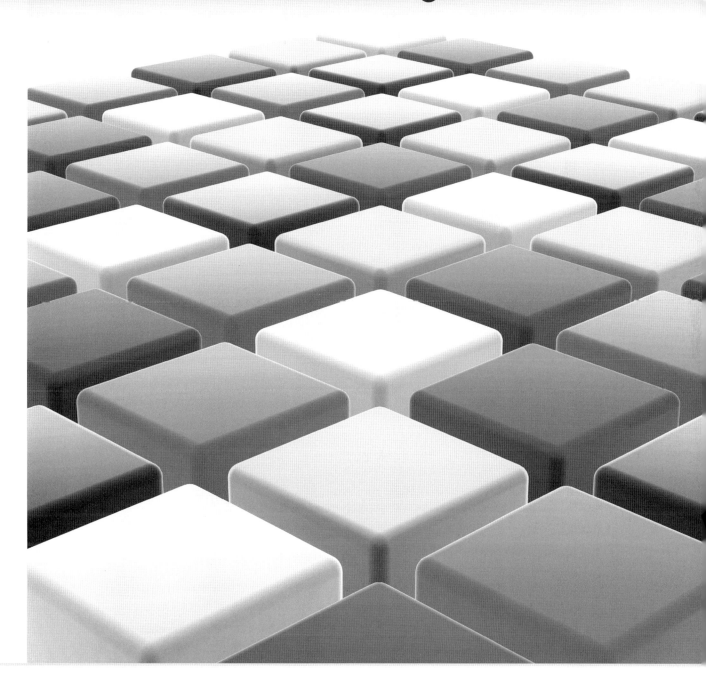

Zum Begriff von alltäglicher Gewalt

Das machen doch alle – das ist doch normal

Die Pistole wird zwischen den Augen angesetzt – Ein Schuss fällt – Ein Toter

Diese Szene kann häufig in Trainings und Seminaren beobachtet werden, wenn Jugendliche die Aufgabe gestellt bekommen, eine Gewaltsituation in einem Rollenspiel oder einem Standbild darzustellen. Sie präsentieren häufig **mediale Gewaltbilder**, die wenig mit ihrem Alltag zu tun haben. Die Medien zeigen uns extreme Gewaltsituationen, die von uns selten so erlebt werden: Krieg, Vergewaltigung, Schießerei mit Todesfolge. Diese Ausprägung von Gewalt kennen wir alle, weil sie uns täglich mittels Fernsehen oder Internet vermittelt wird. Diese Situationen sind verkürzt dargestellt, beschreiben nur ungenau die Konfliktgeschichten und bieten meistens nur weitere Gewaltanwendungen als Lösungen an.[22] Gleichzeitig versetzen uns die Medien in die Rolle des **unbeteiligten Zuschauers**: Die Gewalt in den Medien rührt uns an, aber wir müssen uns keine Gedanken darüber machen, wie wir wirkungsvoll eingreifen könnten. In der Regel erleben wir selten diese extremen Gewaltsituationen, dennoch sind wir von alltäglicher Gewalt betroffen.

Wir wollen die Jugendlichen in den Trainings sensibilisieren für **alltägliche Gewalt**, die ihnen jederzeit begegnen kann oder die sie täglich im eigenen Leben spüren. Die **Unsicherheit und Angst** ist groß, in einer U-Bahn, auf der Straße oder im Café grundlos Beteiligter oder Zeuge einer solchen Tat zu werden.

Häufig sind es **Gruppen**, von denen Stärke und Überlegenheit ausgehen. Die einzelne Person fühlt sich alleine hilflos. Ohne ersichtlichen Grund entlädt sich eine Aggression gegen das Opfer. Aus einer einfachen Rempelei wird schnell eine Schlägerei. Das Opfer ist völlig überrascht und handlungsunfähig. Die Gewalt schlägt wie ein Blitz ein, so mag es manchmal scheinen. Ohne Vorwarnung, schnell und mit großer Kraft. Doch ist das wirklich so? Gab es nicht Anzeichen für die drohende Situation? Wie kann ich schon im Vorfeld des so offensichtlichen Gewaltakts gewaltfrei reagieren, wie eingreifen, bevor die Fäuste fliegen? Um handeln zu können, müssen die Jugendlichen erst einmal einen Blick darauf lenken, dass Gewalt **verschiedene Erscheinungsformen** hat und unterschiedlich intensiv erlebt wird.

Zum Begriff von alltäglicher Gewalt

Erste Anzeichen von Gewalt

Um die Erfahrungen der teilnehmenden Jugendlichen mit unterschiedlichen Formen von Gewalt zu verdeutlichen, können Fragen gestellt werden, die sich in die drei Blöcke gliedern lassen:
- Unsicherheit,
- Bedrohung,
- Gewalt.

Nach Situationen der Unsicherheit und Bedrohung fragen wir, weil sie die Vorstufe zu alltäglichen Gewaltsituationen sind.[23]

Um als Opfer oder Zuschauer die Eskalation zur Gewalt zu verhindern, müssen wir schon bei Unsicherheit und Bedrohung angemessen handeln lernen. Die Antworten, die man in Trainings erhält, zeigen, dass Unsicherheit, Bedrohung und Gewalt sehr unterschiedlich wahrgenommen werden und dass es im täglichen Leben **die verschiedensten Formen von Gewalt** gibt.

In welchen Alltagssituationen fühlen wir uns sicher? Für die Wahrnehmung von Sicherheit setzen die meisten Menschen voraus, dass sie in einer bekannten Situation sind, in der sie Gewissheit darüber haben, wie die anderen Leute reagieren. So kann das Klassenzimmer für die einen ein sicherer Platz sein, während andere sich jeden Morgen davor fürchten, die Klasse zu betreten.[24] Auch die Familie bietet nicht automatisch Schutz vor Gewalt. Sie kann Unsicherheit bedeuten, wenn die Handlungen der Eltern nicht berechenbar sind. Menschen haben auch gefühlte Unsicherheiten, die nicht so einfach zu beschreiben sind. Sie meiden bestimmte Stadtteile oder unternehmen weniger zu bestimmten Tageszeiten. Sicher fühlen wir uns dann, wenn wir die Situation und unsere Fähigkeiten und Möglichkeiten, zu handeln, **einschätzen können**, Vertrauen haben oder die Menschen um uns herum gut kennen.

Aus der Unsicherheit wird eine **Bedrohung**, wenn ich mich selbst als potenzielles Opfer sehe oder ich mich als Zuschauer als nächstes mögliches Opfer begreife.

Als Opfer fühle ich mich, wenn ich das Gefühl bekomme, der Gefahr nicht gewachsen zu sein, und wenn es scheint, als ob die Täter sich gerade mich ausgesucht haben. Eine Gruppe von Jugendlichen scheint bedrohlich, wenn ich das Gefühl habe, dass sie Gewalt gegen mich ausüben will. Die Gruppe kann auch bedrohlich wirken, ohne wirklich drohen zu wollen.

Und wann drohen wir selbst? Es ist zu unterscheiden, ob wir bewusst eine Drohung aussprechen oder ob wir uns nur so verhalten, dass andere uns als Bedrohung sehen. Es ist uns also nicht immer bewusst, dass wir bedrohlich wirken. Und nur, wenn wir uns in andere hineinversetzen, können wir uns darüber bewusst werden.

Heranführende Fragen können sein: „Wo hast du Gewalt persönlich beobachtet?", „Wo warst du Opfer, und wo hast du selbst Gewalt ausgeübt?", „Wie schätzt du diese oder jene Situation ein?" Nahezu jeder hat eine ganz frühe Erfahrung als Zuschauer einer Gewaltsituation gemacht. Ein Beispiel dafür ist die Prügelei auf dem Schulhof:

Angezogen von dem Geschrei, näherten wir uns dem Kreis der angefeuerten Schülerinnen und Schüler, blickten neugierig in die Mitte, um zwei sich prügelnde Jungen zu beobachten. Ohne Ahnung, worum es geht, waren wir zu hilflos, um einzugreifen. Entweder wir schlossen uns der Masse an und schrien mit oder wir wandten uns ab.[25]

Das typische Problem des Zuschauers ist, dass er die **Situation** und seine **Fähigkeiten und Möglichkeiten, zu handeln**, erst abschätzen muss. Ist er unsicher, entzieht er sich der Situation oder handelt wie die meisten anderen.[26] Erst eigene Sicherheit gibt die Kraft zum Handeln und Eingreifen.
Hinzu kommt noch, dass es **unterschiedliche Sichtweisen und Wahrnehmungen** von Menschen gibt, die dieselbe Situation beobachten. Drei Aufsichten beobachten die Prügelei, und jede Person schätzt die Situation anders ein: „Ach, das ist ja nur Spaß", „Wenn ich mich da jetzt reinhänge, fange ich mir selbst eine ein!", und „Wieso greift da keiner ein? Dann muss ich es wieder richten!" Diese unterschiedlichen Sichtweisen beruhen auf den unterschiedlichen Erfahrungen, die die einzelnen Personen in ähnlichen Situationen gemacht haben.[27]

Definitionen von Gewalt

Gewalt allgemein zu definieren, ist schwierig, da sie sehr individuell erlebt wird. Dennoch sollte man versuchen, eine **gemeinsame Verständigung über den Gewaltbegriff** mit den Jugendlichen zu erarbeiten. Durch den Austausch der unterschiedlichen Sichtweisen und Wahrnehmungen von Personen, die sich in einer Gewaltsituation befanden oder sie beobachtet haben, kann sich die Gruppe auf eine erste gemeinsame Beschreibung von Gewalt verständigen und sich eventuell sogar auf eine einheitliche Vorgehensweise einigen, nach der sie bei Gewaltvorkommnissen handeln möchte. Zur Unterstützung können, nach den eigenen entwickelten Gewaltdefinitionen, auch weitere geläufige *KV Gewaltdefinitionen* bearbeitet werden (S. 44). Zur Definition von Gewalt ist es hilfreich zu wissen, dass Gewalt sich **nicht nur über die sichtbare, körperlich ausgeübte Gewalt** beschreiben lässt. Im Schulleben beobachten wir häufig, wie gezielt Einzelne ausgegrenzt werden. Sie sind oft in den Pausen oder beim Essen von der Gruppe Gleichaltriger ausgeschlossen. Sie haben keinen einzigen guten Freund oder keine einzige gute Freundin in der Klasse. Sie werden auf hässliche Weise von den anderen bloßgestellt, lächerlich gemacht, beschimpft und herumkommandiert.

> Hey Tommie, warum gehst du nicht zu deinen eigenen Freunden? Ach ja – du hast ja keine …

Zum Begriff von alltäglicher Gewalt | Info

Diese **psychische Gewalt** ist für die Betroffenen ebenso heftig wie die körperliche Gewalt und kann sich bis zum Mobbing weiter verfestigen. In anderen Gewaltsituationen beruht die Überlegenheit der Täter nicht auf körperlicher Stärke, sondern auf der **besseren Position**, dem **längeren Hebel**, an dem jemand sitzt. Eine Lehrkraft kann damit drohen, schlechte Noten zu vergeben, wenn ein Schüler sich nicht nach ihren Wünschen verhält. Die Lehrkraft ist überlegen, weil die Schulstruktur ihr Macht verleiht. Wir sprechen immer dann von **struktureller Gewalt**, wenn die Lebensumstände, d.h. die Strukturen, Gewalt auf Menschen ausüben.[28] Strukturelle Gewalt kann auch noch am Ende der Schulzeit wirken, wenn es keinen Ausbildungsplatz gibt. Ein Täter ist hier nicht mehr auszumachen – die Opfer dagegen umso mehr.
Befinden sich Kinder und Jugendliche in einer **Abhängigkeit**, z.B. in der Familie oder in der Berufsausbildung, so sind sie der Gewalt oft schutzlos ausgeliefert. Die Abhängigkeit verhindert die Flucht aus der Gewaltsituation und zwingt das Opfer, Leiden zu erdulden oder aber, was seltener geschieht, sich zu wehren. Zu der **körperlichen Gewalt** kommt in dieser Situation die **psychische Unterdrückung** hinzu. Gewalt kann auch mit Worten ausgedrückt werden. Ein Kind mit Liebesentzug zu bestrafen, ist psychische Gewalt. Da die Unterdrückung in diesen Fällen nicht offen zutage tritt, ist es für das Opfer schwer, sie öffentlich zu machen und sich zu wehren. Gerade die Familie steht in alten, ehernen Gesetzen, die einen Eingriff von außen erschweren. Gewalt in Abhängigkeitsverhältnissen ist immer noch ein Tabuthema.[29]
Aus allen genannten Gewaltsituationen lassen sich gemeinsame Merkmale ableiten:
- Die **Täter** sind die **Aktiven**. Sie bestimmen das Geschehen. Sie haben sich eventuell vorbereitet, setzen jedenfalls den Ort und die Zeit fest. Die erste Handlung liegt in ihrer Entscheidung.
- Bei **körperlicher Gewalt** handelt es sich bei den Tätern in den meisten polizeilich gemeldeten Auseinandersetzungen um **Männer**. Sie handeln aus einer Position der körperlichen Stärke und Überlegenheit. Die körperliche Gewalt von Mädchen hat in den letzten Jahren zugenommen, ist aber im Vergleich zur Männergewalt immer noch sehr gering.[30]
- Auch die Täter, die **psychische Gewalt** ausüben, fühlen sich in einer überlegenen Position.

Gewalt tritt also in verschiedenen Formen auf: **strukturelle**, **psychische** oder **physische** Gewalt.[31] Aber auch die Beschreibung oder Definition des Gewaltbegriffs ist nicht eindeutig und muss individuell bestimmt werden. Was für den einen „nur Spaß" ist, kann für den anderen „bitterer Ernst" sein.

Übungsvorschläge

Die folgenden Übungen enthalten Methoden, die zu einer eigenen Begriffsbildung von Gewalt führen und helfen können, die eigene Wahrnehmung und die Sichtweisen der anderen auf alltägliche Gewalt zu überprüfen und zu erkennen. Diese ersten Sensibilisierungen zum Thema Gewalt stellen die späteren Grundlagen dar und verschaffen eigene Sicherheit beim Handeln in Konflikt- und Gewaltsituationen.

Marktplatz

Zeit:
15 Minuten

Kurzbeschreibung:
Diese Übung kann auch als Kennenlernspiel genutzt werden. Die Teilnehmenden treffen sich in einer lockeren Atmosphäre in der Mitte des Raumes („Marktplatz"). Sie tauschen sich in kleineren Gruppen zum Thema aus und lernen sich kennen. Die Übung bedarf keiner Auswertung.

Ablauf:
Die Teilnehmenden werden aufgefordert, im Raum umherzugehen und sich vorzustellen, über einen Marktplatz zu schlendern.
Hier treffen Menschen aufeinander und beginnen Gespräche. Auf Zuruf der Anleitung sollen sich drei bis vier Personen zusammenfinden und sich über jeweils eine gestellte Frage austauschen. Die Gruppengröße wird ebenfalls per Zuruf entschieden.

Fragen könnten sein:
- *Was erwartet ihr von dem kommenden Unterricht/Training?*
- *Habt ihr heute früh schon mit jemandem Stress gehabt?*
- *Wo beobachtet ihr am häufigsten Gewalt?*
- *Wann ärgert euch die Gewalt, die ihr beobachtet, besonders?*

Nach zwei bis drei Minuten lösen sich die Gruppen auf und schlendern weiter, bis die Anleitung eine neue Zahl für die Gruppengröße ruft und eine weitere Frage stellt.
Anstatt Fragen zu stellen, können auch Sätze vervollständigt werden, z.B.: „Am häufigsten beobachte ich Gewalt ..."

Tipps für die Anleitenden:
Die Anleitung nimmt nicht an dieser Übung teil.

Zum Begriff von alltäglicher Gewalt | Methode

Zwei Gegenstände zur Gewalt

Zeit:
25 Minuten

Kurzbeschreibung:
Mit dieser Übung gelingt leicht ein Einstieg, da erste Assoziationen zwischen Gewalt und Alltag hergestellt werden. Die Seminarräume oder das Gelände werden spielerisch erkundet und die Dinge in den eigenen Taschen werden erforscht. Die Übung bedarf keiner Auswertung.

Ablauf:
Die Teilnehmenden haben zehn Minuten Zeit, sich in dem Gebäude und auf dem Gelände umzusehen und zwei beliebige Gegenstände mitzubringen, zu denen sie eine Assoziation von Gewalt haben.
Wenn die Gruppe wieder zusammengefunden hat, stellt jede Person nacheinander die gesammelten Gegenstände vor. Jeder erzählt kurz, welche Gedanken zur Gewalt er mit ihnen verbindet. Kommentare sind nicht erwünscht, Nachfragen ja.

Variante:
Wenn der Umgang mit Waffen ein Thema in der Klasse ist und beispielsweise abzusehen ist, dass Verteidigungsgeräte mitgebracht werden, kann ein Jugendschutzbeauftragter der Polizei als Experte zum Waffenrecht eingeladen oder ein Flyer der Polizei zur Waffengewalt in eine Auswertung eingebracht werden.[32]

Kombinierbar mit:
- *M* *Gewaltsack* (S. 43)
- *Flyer der örtlichen Polizei zum Thema Waffen*
- *M* *Gesteuerte Rollenspiele* (S. 128)

Tipps für die Anleitenden:
Beide sollten an den Übungen teilnehmen.

Gewaltbarometer

Zeit:
70 Minuten

Kurzbeschreibung:
Die Teilnehmenden sollen Situationen einschätzen und darüber berichten. Wie groß ist, für sie individuell, die Gewalt in den gehörten Geschichten? Die anschließende Diskussion soll zeigen, wie viele verschiedene Ausprägungen Gewalt hat und dass es unterschiedliche Sichtweisen auf Gewaltsituationen gibt. Eine erste Definition von Gewalt wird aufgestellt.

Ablauf:
Es werden Zettel mit den Zahlen 0/25/50/75/100 in dieser Reihenfolge mit sichtbarem Abstand auf eine Linie (z.B. aus Kreppband) auf dem Boden des Seminarraumes gelegt. Die Gruppe hört von der Anleitung eine Situationsbeschreibung. Die Teilnehmenden stellen sich nun spontan ihrer Einschätzung gemäß an den verschiedenen Zahlenzetteln auf (0 = wenig, 100 = große Gewalt). (Wenn die Gruppe zu groß ist, kann sie auch geteilt werden. Abwechselnd bleibt ein Teil der Gruppe sitzen.) Die Teilnehmenden werden jetzt, ausgewählt von der Anleitung, nach dem Grund ihrer Einschätzung gefragt.
Der Befragte spricht zur Gruppe, es gibt keine Kommentare. Es werden mindestens vier Situationen vorgestellt, in denen unterschiedliche Formen von Gewalt vorkommen.

Beispiele für Gewaltsituationen:
Ihr beobachtet: ...
- *Eine Schülerin geht an einer Bank vorbei. Auf der Bank sitzt ein Schüler. Er stellt der Vorbeigehenden ein Bein.*
- *Ein Schüler geht an einer Gruppe Jugendlicher vorbei. Aus der Gruppe wird dem Vorbeigehenden vor die Füße gespuckt.*
- *Eine Schülerin war beim Friseur und kommt zu spät zum Unterricht. Als sie die Tür zum Klassenraum öffnet und in die Klasse eintritt, kommen aus der Klasse Sprüche wie: „Iiiih, wie sieht die denn aus!"*
- *Die Lehrerin gibt kommentarlos Arbeiten zurück. Aber bei einer Schülerin bleibt sie stehen und wirft ihr die Arbeit mit der Bemerkung „Wie immer eine 5" auf den Tisch.*
- *Zwei Schüler streiten sich. Sie verabreden sich, ihren Streit hinter der Sporthalle mit Fäusten zu klären. Beide stimmen zu und gehen hinter die Halle.*

Auswertung:
Es werden im Stuhlkreis folgende Fragen diskutiert:
- *Was habt ihr beobachtet? (z.B. unterschiedliche Sichtweisen)*
- *Welche verschiedenen Formen von Gewalt kommen vor? (z.B. körperliche, verbale, psychische, strukturelle)*
- *Wie können wir den Begriff Gewalt kurz beschreiben? (eventuell die Definition auf eine Pappe schreiben)*

Tipps für die Anleitenden:
Sie moderieren das Gewaltbarometer und lassen keine Kommentare zu. Sie moderieren die anschließende Diskussion. Sie nehmen nicht an der Übung teil. Sie beobachten, welche „heißen" Themen in der Gruppe angesagt sind.

Bei der Diskussion können das *KV* Gewaltdreieck (S. 45), wie auch die *KV* Gewaltdefinitionen (S. 44) als Grundlage genutzt werden. Auch wenn sie nicht mit der Gruppe direkt thematisiert werden, sollten die Anleitenden beides im Hinterkopf haben.

Zum Begriff von alltäglicher Gewalt

Methode

Der Gewaltsack

Zeit:
45 Minuten

Kurzbeschreibung:
Gewalt kann uns in ganz unterschiedlicher Form begegnen. Im Wesentlichen gibt es drei Erscheinungsformen: physisch, psychisch und strukturell. Hier sollen nun mit praktischen Beispielen diese Formen erkannt und benannt werden.
Es geht ein Sack, der von der Anleitung mit unterschiedlichen Dingen gefüllt wurde, in der Gruppe herum. Wer dran ist, holt, ohne hineinzuschauen, einen Gegenstand heraus und bestimmt, was dieser mit Gewalt zu tun hat – und mit welcher Form von Gewalt er zu tun hat.

Ablauf:
Die Gruppe sitzt im Stuhlkreis. In der Mitte liegen drei Zettel im Dreieck. Die Zettel sind jeweils beschriftet mit *Strukturelle Gewalt/Physische Gewalt/Psychische Gewalt*.
Die Anleitung hat einen Sack mit unterschiedlichen Gegenständen vorbereitet (z.B. *Schlüssel, Flasche, Zeitung, Kochlöffel, Zeugnis, Geld, Wecker, Gürtel, Handy, Stift* usw.). Der Sack wird nun der ersten Person gereicht, damit sie ihm einen Gegenstand entnehmen kann. Der Gegenstand wird von der Person angeschaut und benannt. Dann wird der Gruppe berichtet, was er mit Gewalt zu tun haben könnte. Anschließend kann die Gruppe ergänzen, und der Gegenstand wird in der Mitte eingeordnet. Dann wird der Gewaltsack zur nächsten Person weitergereicht.

Variante:
Je nach Altersstufe oder Wissensstand der Gruppe sollten die Begriffe *Körperliche Gewalt/Verbale Gewalt/Sonstige Gewalt* verwendet werden.
Die Teilnehmenden können auch selber Gegenstände mitbringen und in den Sack tun.
Die Seminarräume oder das Gelände werden spielerisch erkundet, und die Dinge in den eigenen Taschen werden erforscht.

Auswertung:
Die Anleitung bespricht mit der Gruppe die unterschiedlichen Formen von Gewalt. Hierzu können das *KV Gewaltdreieck* (S. 45) wie auch die *KV Gewaltdefinitionen* (S. 44) als Grundlage genutzt werden.
Wenn der Umgang mit Waffen ein Thema in der Klasse ist, kann ein Jugendschutzbeauftragter der Polizei als Experte zum Waffenrecht eingeladen oder ein Flyer der Polizei zur Waffengewalt in eine Auswertung eingebracht werden.[33]

Tipps für die Anleitenden:
Die Teilnehmenden neigen bei der entsprechenden Fragestellung („Was hat der Gegenstand mit Gewalt zu tun?") zunächst dazu, fast jeden Gegenstand als Waffe wahrzunehmen. Die Anleitung sollte dann nachfragen, z.B. so: „Klar, mit dem Schlüssel kann man werfen und jemand verletzen, aber wofür könnte er noch stehen?" So können auch Beispiele für psychische und auch strukturelle Gewalt besser gefunden werden.
Auch wenn das Gewaltdreieck und die Gewaltdefinitionen nicht mit der Gruppe direkt thematisiert werden, sollten die Anleitenden beides im Hinterkopf haben.

Definitionen von Gewalt

Gewaltdefinition von J. Galtung, Friedens- und Konfliktforscher (geb. 1930)
Gewalt liegt dann vor, wenn Menschen so beeinflusst werden, dass ihre tatsächliche körperliche und geistige Verwirklichung geringer ist als ihre mögliche Verwirklichung.[34]

Galtung unterscheidet zwischen
a) **direkter** bzw. **personaler**,
b) **indirekter** bzw. **struktureller** Gewalt.

a) Direkte, auch personale Gewalt genannt, findet zwischen zwei Personen oder Personengruppen statt. Es gibt immer einen Akteur, das heißt einen Täter, der für die Gewalttat verantwortlich ist. Warum der Täter gewalttätig wird, ist damit noch nicht geklärt. Bei dieser Form der Gewalt werden immer einzelne Opfer ausgewählt.

b) Die **indirekte** Gewalt nennt Galtung auch **strukturelle** Gewalt. Bei der strukturellen Gewalt tritt niemand in Erscheinung, der einem anderen direkten Schaden zufügt. Man kann nicht jemanden direkt verantwortlich machen. Die Gewalt ist hier im Aufbau der Gesellschaft enthalten und in der Art, wie die Menschen in der Gesellschaft leben. Das heißt also, die Gewalt liegt in bestimmten Strukturen. Bei der strukturellen Gewalt trifft es oft ganze Gruppen.

Gewaltdefinition der Weltgesundheitsorganisation
Der absichtliche Gebrauch von angedrohtem oder tatsächlichem körperlichen Zwang oder physischer Macht gegen die eigene oder eine andere Person, gegen eine Gruppe oder Gemeinschaft, der entweder konkret oder mit hoher Wahrscheinlichkeit zu Verletzungen, Tod, psychischen Schäden, Fehlentwicklung oder Deprivation führt.[35]

Zum Begriff von alltäglicher Gewalt

Gewaltdreieck[36]

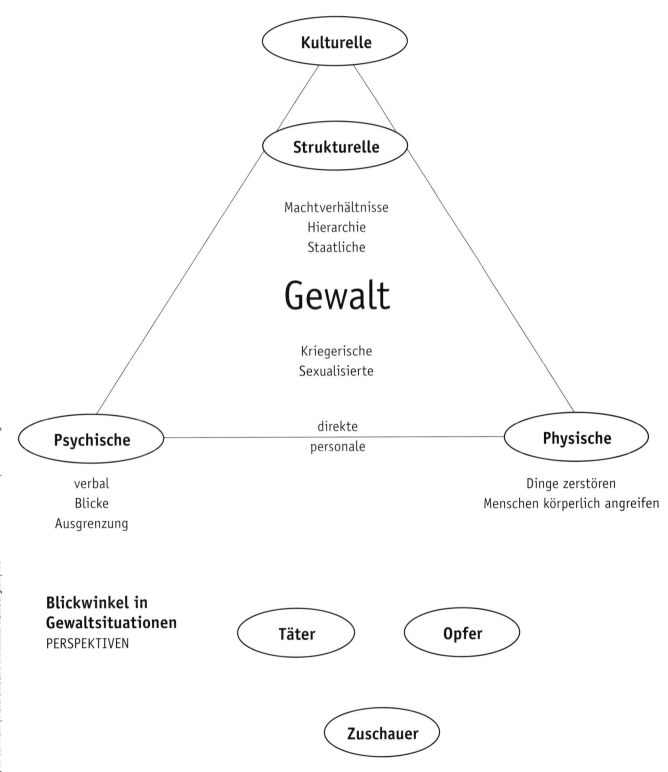

Fragen zur eigenen Erfahrung mit Gewalt

Zeit:
90 Minuten

Kurzbeschreibung:
Mit Hilfe des Fragebogens sollen die eigenen Erfahrungen mit Gewalt zur Grundlage für die weiteren Übungen werden. Anhand dieser lassen sich typische Gemeinsamkeiten von Gewaltsituationen herausfinden, um eine Basis für das Erlernen neuer Verhaltensweisen zu schaffen. Die Ergebnisse aus dem Fragebogen können auch mit Hilfe einer Statue dargestellt werden.

Kombinierbar mit:
- M *Statuentheater* (S. 47).

Ablauf:
Es wird der KV *Fragebogen zur eigenen Erfahrung mit Gewalt* (S. 48) an jeden Teilnehmenden verteilt. Der Fragebogen wird in Einzelarbeit beantwortet. Für das Ausfüllen sollten mindestens 20 Minuten in ruhiger Atmosphäre zu Verfügung stehen. Die Antworten werden nicht „veröffentlicht". Die Anleitung sollte darauf hinweisen, dass jede Person selbst entscheidet, wie viel sie in der Gruppendiskussion erzählen möchte. Die Antworten sollen nur Geschehnisse und Erfahrungen beinhalten, die die Teilnehmenden selbst erlebt oder gesehen haben.

Nachdem der Fragebogen beantwortet wurde, finden sich Gruppen von vier Personen zusammen. Sie stellen sich ihre Antworten gegenseitig vor und halten auf einer Wandzeitung die Gemeinsamkeiten und die Unterschiede der Situationen fest. Die Wandzeitungen sollen der gesamten Gruppe anschließend vorgestellt werden und die Grundlage für die Diskussion im Plenum oder für das Statuentheater bilden.

Für die Arbeit in den Kleingruppen sollte ausreichend Zeit zur Verfügung stehen. Eventuell dauert die Übung länger als geplant. Es ist besonders wichtig, flexibel zu sein.

Auswertung:
Die Auswertung folgt entweder in der Übung M *Statuentheater* (S. 47) oder durch ein offenes Gespräch im Plenum, in dem die Arbeitsgruppen ihre Ergebnisse vorstellen.

Variante:
Kombinierbar mit:
- M *Das Panorama der Lebensfreude* (S. 80)

Diese Übung kann vor dem Ausfüllen des Fragebogens durchgeführt werden. Hier wird die Frage nach der Sicherheit/Unsicherheit noch verstärkt: „Was gibt mir Halt – was macht mich stark?"

Tipps für die Anleitenden:
Die Anleitung sollte sich sehr zurückhalten. Besonders dann, wenn zwischen der Anleitung und der Gruppe Abhängigkeiten oder aber mangelnde Vertrautheit bestehen. Die Anleitung sollte die Gruppenarbeit eventuell verlängern.

Zum Begriff von alltäglicher Gewalt

Methode

Statuentheater

Zeit:
60–90 Minuten

Kurzbeschreibung:
Aus den Ergebnissen des *KV Fragebogens zur eigenen Erfahrung mit Gewalt* (S. 48) sollen die Kleingruppen eine typische Situation in einer Statue darstellen. Die Statue hilft, die Gemeinsamkeiten von Gewaltsituationen und die eigene Rolle darin zu erkennen. Anhand der Statue können erste Handlungsalternativen überlegt werden. Das Statuentheater ist in seinen Formen sehr wandelbar. Wenn die Gruppe länger arbeitet und Übung mit Statuen bekommt, kann sie eigene Variationen erfinden.

Ablauf:
Im Statuentheater soll eine alltägliche Gewaltsituation von der Gruppe als Statue dargestellt werden, die sich aus den Erfahrungen der Teilnehmenden ergibt. Das ermöglicht einen Blick auf die Beteiligten in der Situation und kann Hinweise geben, wie sie ihr Verhalten ändern können. Eine Person aus der Gruppe formt einige der Teilnehmenden zu einer Statue. Die Fragen zu eigenen Erfahrungen mit Gewalt werden genügend Ideen ergeben. Ist die Statue fertiggestellt, wird sie von allen außerhalb der Statue betrachtet. Eine andere Person als die erste verändert die Statue nun. Sie hat die Aufgabe, die Situation zu entschärfen. Das soll Schritt für Schritt geschehen. Wenn die Statue aus ihrer Gewaltsituation „befreit" wurde, werden von ihr noch mal das Ursprungs- sowie das Ergebnisbild blitzartig gezeigt. Die gesamte Gruppe kommt im Kreis zusammen und spricht über die Statue. Dabei helfen die Auswertungsfragen.

Wenn Vorschläge kommen, wie die Statue noch hätte verändert werden können, dann sollte nicht lange darüber geredet werden. Die Statue kann wieder aufgebaut und umgewandelt werden, bis die Ideen ausgehen.

Variante:
Die Gruppe kann sich teilen und jeweils eine Statue bauen, die sie der anderen Gruppe vorstellt und die sie von dieser verändern lässt.

Auswertung:
Folgende Fragen sollten diskutiert werden:
- *Was stellte die Statue dar?*
- *Was war das Ziel des Bildhauers?*
- *Was wurde zuerst verändert und warum?*
- *War das eine Erleichterung für das Opfer?*
- *Wann wurde das Opfer verändert?*
- *Wie fühlten sich die einzelnen Personen in ihrer Position?*

Tipps für die Anleitenden:
Einer moderiert. Der andere beobachtet. Bei der Beobachtung können die Auswertungsfragen zugrunde gelegt werden. Beobachtet werden soll auch, ob die „heißen" Themen der vorhergehenden Übungen wieder auftauchen.

Fragebogen zur eigenen Erfahrung mit Gewalt

- In welcher alltäglichen Situation fühlst du dich wohl und sicher?

- In welcher alltäglichen Situation fühlst du dich nicht wohl und unsicher?

- Wann und wo fühlst du dich bedroht?

- Gibt es Situationen, in denen du drohst?

- Wo und wann hast du Gewalt beobachtet? Beschreibe kurz, was geschah.

- Warst du schon mal Opfer in einer Gewaltsituation? Beschreibe kurz, was geschah.

- Warst du selber schon mal Täter? Beschreibe kurz, was geschah.

- Überlege dir, wie eine der von dir beschriebenen Situationen anders verlaufen könnte.

- Beschreibe kurz, was passieren müsste.

Zuschauende – Täter – Opfer

Zuschauende – Täter – Opfer

In der Betrachtung und Förderung zivilcouragierten Verhaltens besteht ein wichtiger Schritt in der **Analyse und Sensibilisierung unterschiedlichster Dynamiken** in vielfältigen Situationen. Betrachten wir die eben beschriebene Situation, werden drei Personengruppen deutlich: **Zuschauende, Täter und Opfer.**[37]

Ein vermeintlich verliebtes Paar lehnt in einer dunklen Gasse an einem Auto, sie scheinen sich Nettigkeiten ins Ohr zu flüstern und sich zu küssen – ein romantisches Bild der Liebe. Die Situation ändert sich schlagartig. Der Mann lehnt über der Frau, würgt sie und schubst sie dann mit voller Wucht gegen das Auto. Beide brüllen sich an. Einige der Vorbeikommenden gehen schnell weiter, andere bleiben stehen und versuchen, die Situation einzuschätzen. Der Mann presst die Frau weiterhin gegen das Auto, die Stehengebliebenen schauen sich um, suchen die Blicke der anderen, doch keiner reagiert. Die Starre löst sich erst, als ein Kind anfängt zu schreien. Die Eltern des Kindes schauen sich an, nicken und gehen auf das vermeintliche Liebespaar zu, befreien die Frau aus dem festen Griff des Mannes und geleiten sie aus der Situation. Die anderen Zuschauenden erwachen aus ihrer abwartenden Haltung und gehen erleichtert ihres Weges.

Was geht denn da ab?

Zuschauende

In der Geschichte des vermeintlichen Liebespaares spielen die Zuschauenden eine zentrale Rolle. Täter und Opfer spielen in einem Szenario, das weit weg wirkt, scheinbar wie auf einer Bühne. Die Zuschauenden sind somit nicht direkt involviert und müssen erst bestimmte Hürden nehmen, um einzugreifen und selber „mitzuspielen". Einige Zuschauende sind aufmerksam, bleiben stehen, reagieren erst aber nicht, sondern versuchen, die Situation einzuschätzen. Kann sich die Frau alleine wehren? Findet die Frau das vielleicht gar nicht schlimm? Gehen die vielleicht immer so miteinander um? Ist das vielleicht nur Spaß? Zur Einschätzung und Interpretation der Situation werden andere Menschen mit einbezogen, das heißt, **dass sich bei Unsicherheit oft an den Reaktionen und Verhaltensweisen der anderen orientiert wird.** Problematisch ist dieser Effekt, da in dieser Situation zuerst keiner reagiert und es somit keine Orientierung gibt. Zusätzlich bildet sich leicht eine Verantwortungslosigkeit heraus, weil alle denken: „Warum ausgerechnet ich, wenn niemand anderes etwas tut?" Oder etwas wie: „Der da drüben, der sieht stark aus, der macht das schon!" Auf diesem Wege wird

Verantwortung weggeben, und auch die eigene potenzielle (Mit)Schuld wird innerlich auf andere übertragen. Und die anderen denken ähnlich und fühlen sich ebenfalls weniger schuldig, obwohl sie mit niemandem über die Situation und die Handlungsmöglichkeiten gesprochen haben.

Treibt man diese Überlegungen auf die Spitze, könnte das Verhalten von Zuschauenden sogar zur Eskalation führen. Durch ihre abwartende Haltung interpretiert der Täter, in diesem Fall der Mann, dass sein Verhalten nicht so schlimm sein kann und er anscheinend noch keine Grenzen überschritten hat – es greift ja schließlich keiner ein! Das Opfer fühlt sich unter den vielen Zuschauenden vielleicht noch machtloser und denkt, dass die Zuschauenden das Verhalten des Überlegenen befürworten oder zumindest nicht verurteilen. Natürlich kann nicht nur ein passives Verhalten der Zuschauenden eine weitere Eskalation bedeuten. Die Zuschauenden, die durch ihre Handlungen geradezu Täter unterstützen und bestätigen, indem sie anfeuern oder sogar mitmachen, dürfen ebenfalls nicht aus dem Fokus der Betrachtung geraten.
Es gilt also, diese Dynamiken zu kennen und zu erkennen, um sie dann durchbrechen zu können. In diesem Fall half die Angst des Kindes den Eltern aus ihrer Starre. Sie sahen eine Notsituation, fühlten sich verantwortlich und wählten eine Taktik, um einzugreifen. Nun heißt das nicht, dass in jeglicher Situation mit Zuschauenden diese sozialpsychologischen Effekte zum Tragen kommen. Außerdem gibt es in vielen Situationen auch nicht unbedingt mehrere Zuschauende. Es kann noch weitere Erklärungen für passives Verhalten, für ein Nichteingreifen geben. Eine Situation muss **frühzeitig bemerkt** werden, d.h., ich darf nicht abgelenkt werden. Dann muss ich zusätzlich die Situation **als Notsituation interpretieren** und dann auch noch **Verantwortung übernehmen**. Habe ich das getan, muss ich auch wissen, **wie genau** ich eingreifen kann. Reichen meine Handlungskompetenzen nicht aus, dann bin ich schlicht überfordert und greife auch nicht ein. Das letzte Hindernis, das wir überwinden müssen, sind **soziale Hemmnisse**. Auch wenn ich genau weiß, was ich tun könnte, greife ich nicht ein, weil ich Angst habe, z.B. selbst Opfer zu werden, weil es mir peinlich vor anderen ist, weil ich mich nicht aufraffen kann und vieles mehr.

Die anderen halten mich doch für total hysterisch, wenn ich jetzt was sage …

Die Zuschauenden spielen in der Betrachtung von Zivilcourage eine zentrale Rolle, sie sind diejenigen, die den **größten Handlungsspielraum** von den drei Gruppen haben. Ihnen wird in einem Training besondere Aufmerksamkeit gewidmet. Die Situationen, in denen zivilcouragiertes Verhalten der Zuschauenden nötig ist,

Zuschauende – Täter – Opfer

sind sehr vielfältig – und somit natürlich auch die zivilcouragierten Handlungsoptionen (siehe Kapitel „Eingreifen und Handeln", S. 118).
Auf S. 53 visualisiert ein Modell die unterschiedlichen Phasen und Dynamiken des Eingreifens.

Verhältnis Opfer und Täter

Zivilcouragiertes Verhalten wird notwendig, wenn eine Situation besteht, **in der sich eine Person einer anderen unterlegen bzw. überlegen fühlt**. Opfer beschreiben die Situation mit dem Begriff der Ohnmacht. Sie fühlen sich ausgeliefert und können sich selber nicht mehr helfen. Wichtig ist es, den Prozess zu beobachten, wie eine Situation eskaliert und wie Notsituationen überhaupt zu Stande kommen können. Die Täter haben meistens das erste Wort und wirken auf den ersten Blick stärker und dominanter. Die verschiedenen Rollen in diesen Situationen sind meistens festgelegt. In vielen Fällen von Gewaltandrohungen oder Gewaltanwendungen, wie z.B. Vergewaltigung, will der Täter seine **vermeintliche Überlegenheit** und seine Fähigkeit zeigen, sein Gegenüber zu demütigen oder zu erniedrigen. Für eine solche Tat könnte das Opfer mit einer unterwürfigen Haltung oder mit offensichtlicher Angst die eigene Position erschweren. Der Täter spielt mit seinem Opfer wie die Katze mit der Maus.
Es kann davon ausgegangen werden: Je früher eine Notsituation erkannt wird, desto schneller kann sie verändert werden. Ziel im Training ist es, die Opferrolle zu durchbrechen und **konkrete Möglichkeiten der Opferstärkung** aufzuzeigen (siehe Kapitel „Eingreifen und Handeln", S. 118). Die Idee ist es, mit eigener Initiative des vermeintlichen Opfers den Gegner zu überraschen. Diese **eigene Initiative** soll dabei nicht bedrohen und die Lust, anzugreifen, nicht verstärken, sondern eine positive Verbindung herstellen.

Der Gegner kann schon vor einer Eskalation durch die **direkte Kontaktaufnahme** überrascht werden. Er nimmt somit die Person des Opfers als jemanden mit eigenen Interessen wahr. Die Initiative kann eine Bereitschaft zum Gespräch sein, z.B. in der U-Bahn: „Ich habe ein Problem. Können Sie mir helfen? Wie komme ich jetzt von hier nach ...?" Das Gegenüber sollte sich bei den Gesprächsthemen aber stets ernst genommen fühlen. Zwei zentrale Gründe sprechen für diese Vorgehensweise: Erstens erwartet der Gegner bei Androhung von Gewalt, dass **Gegenwehr** gezeigt wird. Der Täter spielt damit, gerade körperliche Gewalt hervorzurufen. Eine körperliche Gegenwehr verstärkt die provozierte Auseinandersetzung aber eher. Der zweite Grund ist, dass die Möglichkeiten für eine Konfliktlösung auf einer **Ebene der sprachlichen Auseinandersetzung** liegen und kaum auf einer körperlichen. Eine körperliche Auseinandersetzung hebt sofort die Distanz auf, die nötig ist, um aus der Konfrontation wieder auszusteigen. Die eskalierende Dynamik in einer Situation kann durchbrochen werden, indem man sich auf das Opfer konzentriert und dieses zu stärken versucht. Es wird auf eine Situation der Ohnmacht nicht mit einer aktiven Macht gegen den Täter reagiert, sondern mit einer **Handlungsermächtigung des Opfers**.

Tätermotive

Es gibt verschiedene theoretische Ansätze, die versuchen, die Hintergründe einer gewalttätigen Person zu erklären. Begegne ich einer gewalttätigen Person, können diese Erkenntnisse wichtig für meine Optionen, zu handeln, sein. Zwei der Theorien werden hier hervorgehoben: Der Psychologe Albert Bandura (geb. 1925) beschreibt in seiner Theorie des sozialen Lernens Gewalthandlungen vor allem als **Lernprozess** und nicht als Reaktion auf äußere Einflüsse.[38] Lerne ich also in meiner Familie, meinem Freundeskreis oder anderen sozialen Gruppen, dass gewalttätiges Verhalten zu einem Erfolg, z.B. zu Aufmerksamkeit oder Prestigegewinn, führt, tendiere ich dazu, auch in anderen Gruppenzusammenhängen das gelernte Verhalten zu zeigen. Andere Begründungen lassen sich aus der Anomietheorie des Soziologen Robert King Merton (1910–2003) ableiten.[39] Nach dieser entsteht Gewalt bei Menschen, wenn die Lebensumstände z.B. **keine Möglichkeit zur sozialen Integration und zum sozialen Erfolg** bieten. Täter streben beim Opfer oder bei den Zuschauenden nach Anerkennung ihrer Person und ihrer Stärken. Natürlich spielen auch **Aggressionen, Wut und Ängste** beim Täter eine Rolle (siehe Kapitel „Aggression und Wut", S. 70). Für die präventive Arbeit in Bildungseinrichtungen bedeutet dies, Möglichkeiten der **Erfolgsbildung** zu schaffen und laufend **alternative Handlungsmöglichkeiten** aufzuzeigen.

Empathieförderung

Viele der vorgeschlagenen Methoden orientieren sich an dem Gedanken der Empathieförderung. Die Teilnehmenden werden angeleitet, sich in die Perspektiven aller Beteiligten in unterschiedlichen Situationen zu versetzen. Das Hineinversetzen in eine andere Person erhöht die Bereitschaft, dieser zu helfen. Sei es aus rein egoistischen Gründen, um den eigenen Schuldgedanken zu verhindern, oder aus altruistischen Gründen, um den Kummer des Gegenübers zu beseitigen.[40]

Die **Diskussion und Analyse von unterschiedlichen Situationen** erleichtert das Einfühlen in eventuell folgende tatsächliche Begebenheiten, in die man als Zuschauender involviert ist, und fördert somit zivilcouragiertes Verhalten. Außerdem ist es wichtig, zu erkennen, was in einem Opfer und was in einem Täter vorgeht. Nur so können frühzeitig kreative und wirksame Handlungsmöglichkeiten gefunden werden.

Zuschauende – Täter – Opfer

Analyse zivilcouragierten Verhaltens
Förderliche Faktoren[41]

Förderliche Faktoren　　　　　　　　　　　　　　　Hinderliche Faktoren

Wahrnehmung – Aufmerksamkeit
Bemerken einer Situation:
Wer ist beteiligt?
Wie fühle ich mich dabei?

→ **Hindernis: Ablenkung**

Beurteilung als Notsituation
Das Geschehen widerspricht
den eigenen Überzeugungen
und Werten.

→ **Hindernis: Orientierung der eigenen Einschätzung an der Reaktion der anderen, Fehlinterpretation**

Bereitschaft, Nachteile in Kauf zu nehmen
Analyse der eigenen
Situation bezüglich
Machtgleichgewicht
und Risiken.

Persönliche Verantwortungsübernahme
Bereitschaft, sich einzumischen. Eigenes
Handeln ist nötig. Eine
Frage des Gewissens.

→ **Hindernisse: Andere könnten auch helfen, Gefahr und Nachteile zu groß, geringe Erfolgsaussichten**

Entscheidung, zu handeln
Handlungskompetenzen sind
vorhanden und geeignet.

→ **Hindernis: keine geeigneten Handlungskompetenzen vorhanden**

Zivilcouragiertes Handeln

→ **Hindernis: soziale Hemmungen wie Angst und Scham**

Macht- und Ohnmachtskreis

Zeit:
15–25 Minuten

Kurzbeschreibung:
Diese körperliche Übung bietet einen guten Einstieg in das Thema Zivilcourage. Die Teilnehmenden werden für unterschiedliche Situationen sensibilisiert, in denen ein Machtungleichgewicht herrscht. In der Paarübung werden eine mächtige und eine ohnmächtige Person dargestellt.

Ablauf:
Die Teilnehmenden teilen sich in zwei gleich große Gruppen. Die eine Gruppe bildet einen Innenkreis mit dem Blick nach außen, die andere einen Außenkreis mit Blick nach innen. Die Teilnehmenden stehen sich paarweise gegenüber. Alle schließen die Augen. Der Innenkreis stellt sich vor, man sei eine ohnmächtige Person, die einer mächtigeren Person gegenübersteht. Mit geschlossenen Augen nehmen sie langsam eine entsprechende Position in Form einer Skulptur ein. Der Außenkreis stellt sich dagegen vor, mächtig zu sein, und bildet ebenfalls eine Skulptur. Anschließend dürfen die Augen geöffnet und die jeweils anderen Skulpturen betrachtet werden.
Der Außenkreis geht nun in der gleichen Richtung eine Person weiter und wiederholt die Skulpturbildung. Die Übung ist spätestens nach einer Runde beendet.

Variante:
Wenn die Gruppe schon Erfahrungen mit der Methode hat, kann die Übung so abgewandelt werden, dass die Augen bei der Skulpturbildung geöffnet bleiben und sich die entstandenen Paare wie in Zeitlupe aneinander anpassen. Die mächtige Person fängt an, und die ohnmächtige begibt sich in eine Opferhaltung. Danach überlegt sich die ohnmächtige Person, wie die Haltung verändert werden kann, um der mächtigen Person zu begegnen und so das Machtungleichgewicht zu beseitigen.

Auswertung:
- *Veränderten sich die Skulpturen, als sie ihr Gegenüber sahen?*
- *Wurden die Mächtigen mächtiger, wenn sie die Ohnmacht sahen?*
- *Wie ging es den Schwächeren?*
- *Welche Pose wurde am mächtigsten/am ohnmächtigsten empfunden?*
- *An welche Situationen wurde bei den Skulpturen gedacht? (ggf. zur Weiterarbeit visualisieren)*

Variante:
- *Welche Macht- und Ohnmachtsposen haben sich durch die Dynamisierung verstärkt?*
- *Wie haben sich die Ohnmächtigen befreit?*
- *An welche konkreten Situationen wurde dabei gedacht?*

Tipps für die Anleitenden:
Zur Verdeutlichung sollten die Anleitenden die Übung einmal zusammen mit Teilnehmenden vormachen. Während der Übung können die Anleitenden dazu motivieren, vielfältige Posen zu probieren, und ggf. Hinweise und Tipps geben.

Zuschauende – Täter – Opfer

Was geht eigentlich in denen vor?
Täter – Opfer – Zuschauende

Zeit:
45 Minuten

Kurzbeschreibung:
Die drei Personengruppen Täter, Opfer und Zuschauende werden in dieser Übung näher betrachtet. Die Teilnehmenden werden angeleitet, sich in eine der drei Gruppen hineinzuversetzen, um deren Hintergründe besser zu verstehen. Diese Übung bietet sich als Einstiegsübung an. Anschließend können die unterschiedlichen Handlungsalternativen von Tätern, Opfern und Zuschauenden betrachtet und erprobt werden.

Ablauf:
Die Teilnehmenden werden in drei Kleingruppen aufgeteilt. Jede Gruppe erhält einen Zettel, auf dem eine der drei Personengruppen (Täter, Opfer und Zuschauende) steht. Die Kleingruppen sollen jetzt innerhalb von zehn Minuten (möglichst in getrennten Räumen) die Assoziationen, die sie mit der Gruppe verbinden, sammeln. Besonders sollen sie dabei herausarbeiten, welche Motive, Denkweisen, Gefühle und Hintergründe die einzelnen Gruppen bewegen. Wie wird ein Täter zum Täter, was ist das Besondere an einem Opfer, und wie sieht eigentlich ein Zuschauender aus? Jede dieser Gruppen beschäftigt sich also nur mit einer Perspektive.
Die drei Gruppen stellen die entstandenen Plakate im Plenum vor und vervollständigen sie mit ergänzenden Meldungen der anderen Teilnehmenden.

Variante:
Kombinierbar mit:
- **M** *Statuentheater* (S. 47)

Die Gruppen bereiten zusätzlich eine Statue vor. Diese wird dem Plenum präsentiert, und gemeinsam wird gesammelt, welche Gefühle in der dargestellten Situation auftreten. Die Gruppen ergänzen dann die Ergebnisse und stellen ihr Plakat vor.

Auswertung:
- *Wie leicht bzw. schwer ist es gefallen, sich in die spezielle Gruppe hineinzuversetzen?*
- *An welche Situationen wurde dabei besonders gedacht?*
- *Was bedeutet es, wenn es gerade bei den Tätern positive Gefühle gibt?*
- *Wer hat am meisten Handlungsspielraum?*

Tipps für die Anleitenden:
Die Anleitenden können besonders die Hintergründe der Täter ergänzen. Ziel kann es hier sein, zu erkennen, dass ein Täter in vielen Situationen mit seiner Handlung eigentlich Schwäche zeigt und es andere Wege geben kann, positive Gefühle und Anerkennung zu erfahren. Außerdem soll deutlich werden, dass besonders die Zuschauenden oft den größten Handlungsspielraum haben und im Zusammenhang mit zivilcouragiertem Verhalten Schlüsselpersonen darstellen.

Das war aber brenzlig!

Zeit:
60 Minuten

Kurzbeschreibung:
Die Teilnehmenden erarbeiten und analysieren in dieser Übung erlebte Situationen, die für sie brenzlig waren. Es werden sowohl Situationen betrachtet, in denen sie Zivilcourage gelebt haben, als auch solche, in denen sie gerade nicht eingegriffen haben – es aber gerne getan hätten. Außerdem werden anhand eines Analysemodells der Zivilcourage förderliche und hinderliche Faktoren dieser Situationen erarbeitet.

Ablauf:
Die Teilnehmenden werden gebeten, in Einzelarbeit 2–3 eigene Situationen, in denen sie Zivilcourage gezeigt haben oder in denen sie gerne Zivilcourage gezeigt hätten, zu notieren. Hilfreich ist hierbei, sich für jede Situation einen fiktiven Film- oder Buchtitel auszudenken. Zur Erläuterung der Aufgabenstellung kann direkt Bezug auf die Übung *M Macht- und Ohnmachtskreis* (S. 54) genommen werden. Die Gruppen Täter, Opfer und Zuschauende sollten beteiligt sein.

Die Auswertung der Situationen findet in Kleingruppen (4–5 Personen) statt. In der Kleingruppe stellen die Teilnehmenden sich die Situationen kurz gegenseitig vor und bestimmen 3–4 Fälle, die sie näher bearbeiten wollen. Dabei soll eine Matrix wie in Abb. 1, S. 57 entstehen.

Die Kleingruppen erhalten Metaplankarten und dicke Stifte, auf denen sie die jeweiligen Antworten der ersten drei Kategorien notieren können.

Auswertung:
Die Kleingruppen bringen ihre Karten in die vorbereitete Matrix und erläutern diese kurz. Der Gruppe sollte erläutert werden, dass Fragen erlaubt sind, jedoch keine wertenden Kommentare zugelassen werden.
Anschließend können förderliche und hinderliche Faktoren durch das nachfolgende Modell analysiert werden. Dafür wird es kurz vorgestellt, um anschließend durch die eigenen Beispiele einen praktischen Bezug herzustellen.
Die analysierten Faktoren werden dann auf Karten notiert und die Matrix vervollständigt (siehe Abb. 2, S. 57).

Variante:
Schließen Sie *M Die Rollenspiele* (S. 131) an.

Tipps für die Anleitenden:
Falls es einigen Teilnehmenden schwerfällt, Situationen zu notieren, können sie durch eigene Beispiele der Anleitenden animiert werden.
Die Anleitenden sollen jeder geschilderten Situation die entsprechende Anerkennung geben.
Einige Teilnehmende werden von Situationen berichten, in denen sie überfordert waren. Sie müssen besonders vor wertenden Kommentaren geschützt werden.
Außerdem bietet es sich hier an, mögliche Handlungsalternativen zu erörtern und zu sammeln.

Für die Anleitenden ist es wichtig, die *I Analyse zivilcouragierten Verhaltens* präsent zu haben (S. 53).

Zuschauende – Täter – Opfer — Methode

Abb. 1:

Titel der Situation	Beteiligte Personen	Gefühle und Verhalten in der Situation	Förderliche Faktoren	Hinderliche Faktoren
„Die Ohrfeige"	Mutter, kleiner Bruder, Justin	Sauer, wütend. Bin in mein Zimmer gegangen.		

Abb. 2:

Titel der Situation	Beteiligte Personen	Gefühle und Verhalten in der Situation	Förderliche Faktoren	Hinderliche Faktoren
„Die Ohrfeige"	Mutter, kleiner Bruder, Justin	Sauer, wütend. Bin in mein Zimmer gegangen.	Aufmerksamkeit, Beurteilung als Notsituation	Eigene Nachteile zu groß, geringe Erfolgsaussichten

Das hat doch System

Zeit:
35 Minuten

Kurzbeschreibung:
Anders als bei der Übung „Was geht eigentlich in denen vor?", geht es in dieser Übung um eine konkrete Situation zum Thema Ausgrenzung. Alle Beteiligten in der Situation werden näher betrachtet. Die Teilnehmenden sprechen direkt aus der Perspektive der Beteiligten, versetzen sich somit in deren Lage und ergründen deren Gefühle, Interessen und Bedürfnisse. Außerdem gibt es in der Auswertung die Möglichkeit, konkrete Lösungswege zu erarbeiten.

Ablauf:
Die Anleitenden erzählen eine konkrete Situation, in der eine Person systematisch und dauerhaft ausgegrenzt wird. Sie denken sich eine für die Teilnehmenden realistische Situation aus oder verwenden, falls möglich, eine Situation aus der Übung **M** Das war aber brenzlig! (S. 56). Zusammen mit den Teilnehmenden wird überlegt, welche Personengruppen an dieser Situation beteiligt sind (Täter, Opfer, Zuschauende, Mitläufer, Helfende, indirekt Unterstützende, Aufstachelnde, Vermittelnde usw.). Diese Gruppen werden auf einzelne Karten geschrieben und sichtbar auf dem Fußboden verteilt. Die Teilnehmenden können ggf. die Position der Karten auf dem Boden bestimmen.

Nun können die Teilnehmenden nacheinander in die unterschiedlichen Rollen des aufbereiteten Systems schlüpfen. Dafür stehen sie auf, stellen sich auf eine Karte ihrer Wahl und formulieren Gedanken und Gefühle dieser Person in der Ich-Form. Es sollte darauf geachtet werden, dass jede Rollenkarte mindestens einmal Beachtung gefunden hat.

Variante:
Die Übung kann auch in geteilten Gruppen stattfinden, insofern genügend anleitende Personen einsetzbar sind.

Auswertung:
- *Was hindert Beteiligte, aus dem System auszusteigen?*
- *Welche Gefühle spielen dabei eine besondere Rolle?*
- *Wer könnte zur Lösung wie genau beitragen?*

Tipps für die Anleitenden:
Einigen Teilnehmenden fällt es sicher schwer, sich direkt in eine andere Person hineinzuversetzen. Hier ist es hilfreich, die Person an die Ich-Form zu erinnern oder den gesagten Satz ggf. umzuformulieren.

Zuschauende – Täter – Opfer

Gemeinsam stark[42]

Zeit:
25 Minuten

Kurzbeschreibung:
„Gemeinsam stark" ist eine körperliche Gruppenübung. Sie bedarf nicht unbedingt einer Auswertung, sondern kann auch als Auflockerung verwendet werden. Symbolisch wird hier die Funktion eines Schutzwalls der Zuschauenden deutlich.

Ablauf:
In dieser körperlichen Übung stehen die Teilnehmenden in einem Kreis und haken sich bei ihren Nachbarn unter. Es werden dann zwei Teilnehmende bestimmt, die Opfer und Täter darstellen. Der Täter hat die Aufgabe, dem Opfer auf die Schulter zu tippen. Hat er es geschafft, muss das Opfer auffällig und laut zu Boden fallen. Im ersten Schritt soll der Täter seiner Aufgabe innerhalb des Personenkreises nachgehen. Dies geht in der Regel sehr schnell, da das Opfer direkt ausgeliefert ist.
Im zweiten Schritt bildet der Kreis, bestehend aus den untergehakten Teilnehmenden, einen Schutzwall. Der Täter steht nun außerhalb, das Opfer innerhalb des Kreises. Der Schutzwall bewegt sich so, dass der Täter nicht an das Opfer gelangen kann. Nach diesem Durchgang wechseln die Täter und Opfer die Rollen. Die Übung ist sehr spaßig und kann beliebig oft mit anderen Teilnehmenden als Opfer und Täter wiederholt werden.

Auswertung:
- *Wie hat sich das Opfer gefühlt?*
- *Wie hat sich der Täter gefühlt?*
- *Wer trägt die Verantwortung in der Situation?*

Tipps für die Anleitenden:
Für diese Übung wird viel Platz benötigt, sodass alle Hindernisse, wie Stühle, Taschen und Jacken, entfernt werden sollten. Es bietet sich an, dass die Anleitenden das Geschehen beobachten und sich merken, wie dem Opfer geholfen werden konnte und wann es nicht funktioniert hat.

Angst und Mut

Angst: Alarmsignal oder Stoppschild?[43]

Angst ist der Grund, der am häufigsten genannt wird, wenn Menschen erklären, warum sie in einer alltäglichen Gewaltsituation nicht eingreifen würden. Sie haben Angst vor **körperlichen Schmerzen** oder davor, sich in einer für sie undurchsichtigen Situation zu **blamieren**. Angst besteht aber auch, weil es **Unsicherheit über die Auswirkungen** des eigenen Verhaltens in einer gewalttätigen Situation gibt. Angst lähmt unser Denken und macht das Handeln schwer. Wer vor Angst gelähmt ist, sitzt wie das Kaninchen vor der Schlange. Das Kaninchen folgt dem Instinkt: „Bei Gefahr besser ducken". Der Mensch folgt keinen Instinkten im klassischen Sinne und ist trotzdem handlungsunfähig.

Was Angst ist und wie ihr im Rahmen der Seminararbeit begegnet werden kann, ist wichtig für die Arbeit am Thema Zivilcourage. Ängste werden nach dem Psychoanalytiker Fritz Riemann (1902–1979) in zwei Arten unterteilt: **a)** die **neurotische** Angst und **b)** die **Signalangst**.[44] Die Signalangst weist auf eine bestehende Gefahr hin, auf die es zu reagieren gilt. Die neurotische Angst spiegelt dagegen eine eingebildete oder verschobene Angst wieder.
Zu **a)** Als verschoben gilt eine Angst, „wenn das als angstauslösend erlebte Objekt nur deshalb gefürchtet wird, weil man sich vor ihm scheinbar gefahrloser fürchtet als vor der eigentlichen Angstquelle."[45] Die Verschiebung der Angst führt zunächst zu einer Verharmlosung der wahren Angstquelle, die in der Konfliktsituation selbst liegt. Für diese Verschiebung von Ängsten gibt es auf der gesellschaftlich-politischen und individuellen Ebene unterschiedliche Beispiele.

Wer weiß, ob das nicht nur Spaß ist.

Was wohl die anderen denken, wenn ich mich hier aufspiele?

Und dann hab ich plötzlich ein Messer im Bauch!

Angst und Mut

Die eigene Angst vor der Armut wird verdrängt und auf diejenigen projiziert, die arm sind. Der Bettler an der Straßenecke weckt unangenehme Gefühle. Kommt noch der Umstand hinzu, ihm alleine in der Nacht zu begegnen, so wird daraus schnell die Angst, vom Armen des eigenen Geldes beraubt zu werden. Was so auf individueller Ebene eine Verschiebung der Angst sein kann, geschieht in großen Dimensionen in der Politik. Die Angst vor der Arbeitslosigkeit wird auf die vermeintliche Konkurrenz aus dem Ausland verschoben. Es entsteht ein **Feindbild**. Aufgabe von Politikern scheint es zu sein, selbst nicht ängstlich zu werden und dafür zu sorgen, dass die Bevölkerung ruhig und zufrieden sein kann. Das Individuum traut sich in unserer Gesellschaft normalerweise nur, seine (unbewussten) Ängste zu therapeutischen Zwecken ans Tageslicht rücken, um sie zu bearbeiten und aufzulösen. Die Angst stört. Sie muss scheinbar über Beschwichtigungen und Versprechungen der Politiker beseitigt (verschoben) oder durch Ärzte therapiert werden.

Beide Vorstellungen gehen davon aus, dass Angst gefährlich und überflüssig ist. Das ist falsch. **Ängste sind bedeutende Gefühle**, die eines sensiblen Umgangs mit ihnen bedürfen. Es bleibt hier der Hinweis, dass eine verschobene Angst zu einem Kampf gegen Angstursachen führt, die keine sind. Wichtig im Umgang mit der eigenen Angst ist daher, sich **der echten Ängste** bewusst zu werden und die **Verhaltensweisen der Konfliktparteien** auf Grund ihrer Befürchtungen und verschobenen Ängste zu verstehen.

Menschen haben Angst vor Fremden und dem Fremden. Es sind nicht unbedingt fremde Menschen, die uns Angst machen, sondern es ist fremdes Verhalten oder ein fremd-artiger Umgang mit manchen Dingen.

Zu **b)** Die **Signalangst** ist ein wichtiges und notwendiges Zeichen dafür, dass wir unsere **eigene Grenze** erreicht haben. Wir spüren, wenn wir Angst haben, die ursprünglichen, biologischen Reaktionen. Der Organismus wird körperlich und gefühlsmäßig aktiviert. Das Herz schlägt schneller, wir empfinden den Drang, zur Toilette zu gehen, und haben Schweißausbrüche. Der Körper stellt sich auf **Flucht oder Kampf** ein. Der ursprünglich biologische Sinn von Angst lässt nur diese beiden Alternativen zu. In unserer heutigen komplexen Welt gibt es vielfältige Möglichkeiten, auf eine Angst machende Bedrohung zu reagieren. Flucht oder Kampf wäre bei der Furcht vor einer Klausur nicht gerade angemessen, und auch wenn die Angst vor dem Zahnarzt einen nicht gerade in den Behandlungsstuhl treibt, sollte ein Kampf mit dem Arzt tunlichst unterbleiben. Angst soll ihre Funktion als Alarmsignal behalten, sie darf aber in Situationen, in denen unsere Standfestigkeit und unser Eingreifen gefordert sind, nicht zum **Stoppschild** werden. Die Angst an sich ist also nicht gefährlich. Sie ist auch nicht überflüssig oder ein Irrtum. In einer Welt, die gefährlich ist, bleibt die Angst ein **notwendiges Signal**.

Wie kommt es nun, dass viele Menschen in Situationen von alltäglicher Gewalt wie das Kaninchen vor der Schlange sitzen? In einer Gewaltsituation herrscht **Unsicherheit** darüber, was geschehen wird. Die Konsequenzen für den, der eingreift, sind nicht zu überblicken. Die Situation ist nicht zu kontrollieren. Wenn aber die Kontrolle und die Sicherheit über das eigene Handeln verloren gehen, folgt **Hilflosigkeit**. Der Zuschauende in einer Gewaltsituation fühlt sich hilflos, weil er den Eindruck hat, dass das Ereignis unabhängig davon eintritt, ob er eingreift oder nicht. Dass es ein Opfer geben wird. Und das möchte er nicht selber sein. Jedes Handeln scheint zwecklos. Die Zuschauenden und das Opfer bauen sich so Mauern der Hilflosigkeit. Sie sitzen in einem Gefängnis, und die Mauern zeigen an, dass, egal, was sie tun, alles sinnlos ist. Das Gefängnis hat einen Ausgang, aber es kommt ihnen nicht in den Sinn, aus ihrer Ecke aufzustehen und nachzusehen, ob die Tür offen ist. In aller Regel ist sie das, und es ist notwendig, das Gefühl, handeln zu können, zurückzuerobern. **Der ängstliche Mensch muss subjektive Handlungsmöglichkeiten zurückgewinnen**, was ihm in mehreren Schritten gelingen kann.

- Der erste Schritt ist, sich der **eigenen Ängste bewusst** zu werden. Eine Änderung des Verhaltens in gefährlichen Situationen wird leichter fallen, wenn die Ursache für die eigenen Ängste bekannt ist und auch die körperlichen Symptome bewusst durchlebt werden.
- In einem zweiten Schritt sollten **die eigenen Ängste mit anderen besprochen werden**. Sich über Unsicherheiten auszutauschen, schafft die Möglichkeit, sich zu solidarisieren und über neue Umgangsweisen nachzudenken.
- Der dritte Schritt kann die **konkrete Vorbereitung auf eine Situation** sein, in der immer wieder Angst erlebt wird. Was macht die Situation aus, und wie sind die Gefühle der anderen in dieser Situation? Nach einer gedanklichen Vorbereitung, die immer **alternative Verhaltensweisen** beinhalten soll, kann die Angstsituation in einem Rollenspiel geübt und nachvollzogen werden.

Die folgenden Übungen sollen die genannten Schritte begleiten. Es sind Übungen, die helfen, sich der Angst bewusst zu werden, und die körperliche Symptome (fast spielerisch) hervorrufen, um diese vertraut zu machen.

Angst ist in der Gesellschaft noch immer ein Tabuthema. Die eigenen Ängste zuzugeben, heißt, eine Schwäche zu zeigen und sich angreifbar zu machen. Gerade Jungen werden immer noch dazu erzogen, sich weniger mit ihren Gefühlen, Bedürfnissen und Ängsten zu beschäftigen. Das macht die gemischtgeschlechtliche Diskussion unter Umständen schwierig, und Jungen fällt es leichter, in einer Jungengruppe über die eigenen Ängste zu reden.

Angst und Mut

Austausch über eigene Ängste[46]

Zeit:
60 Minuten

Kurzbeschreibung:
Über Angst zu reden, fällt nicht jedem leicht. So ist es zunächst einfacher, mit relativ kurzen Aussagen zu beginnen und sie relativ unpersönlich zu sammeln. Das ergibt einen guten Arbeitsspeicher für kommende Übungen. Gleichzeitig werden Ratschläge gesammelt, wie mit der Angst umgegangen werden kann.

Ablauf:
Auf je einem Wandzeitungspapier werden die Sätze formuliert: „Angst bedeutet ..." und: „Mir macht (es) Angst, wenn ...". Die Teilnehmenden werden aufgefordert, die Sätze still für sich zu vollenden und auf ein Blatt Papier zu schreiben. Wer möchte, reicht sein Blatt in die Mitte. Einer der Anleitenden liest die Sätze vor und schreibt sie untereinander auf die Wandzeitung. Dabei sollte darauf geachtet werden, dass die Aussagen anonym bleiben. Dann schreibt jeder auf das Blatt, auf dem die entsprechenden Sätze stehen, eine kurze Notiz, was bei der beschriebenen Angst vielleicht helfen könnte. Nach diesen Notizen wird das Blatt wieder in die Mitte zurückgelegt und ein neues genommen. Die Teilnehmenden geben sich schriftlich fünf Tipps und kommentieren fünf Ängste. Alle bekommen ihren Zettel zurück und können die Notizen darauf lesen. Jetzt sucht sich jede Person einen Partner nach Sympathie. Sie haben zusammen Zeit, sich über die eigene Angst und die geschriebenen Tipps auszutauschen und ggf. neue Tipps zu entwickeln.

Auswertung:
Die Aussagen bleiben als Sammlung unkommentiert hängen. Die Teilnehmenden erhalten je fünf Klebepunkte, die sie hinter die Aussagen kleben können, denen sie voll zustimmen würden. So werden gemeinsame Ängste deutlich, und es entsteht eine Art „Angst-Bild" der Gruppe, auf das man bei kommenden Übungen zurückgreifen kann. Wozu das Ergebnis dient, sollte auf jeden Fall vorher angesagt werden.
Die Sammlung kann natürlich auch zur Weiterarbeit verwendet und einzelne Themen diskutiert und besprochen werden. Hierbei sollte mit der Gruppe abgestimmt werden, welche Themen besonders wichtig sind.

Variante:
Bei der Auswahl zur Weiterarbeit sollten nicht zwingend die Ängste gewählt werden, die viele teilen. Es geht eher um die Dringlichkeit, eine mögliche Unterstützung zu bekommen. Nennt ein Teilnehmender z.B.: „Mir macht es Angst, wenn die Mädchen aus der Parallelklasse vor der Schule zusammenstehen", könnte dieses Thema wichtiger sein als z.B. die Angst vor Wespen, die viele teilen.

Tipps für die Anleitenden:
Das Team kann die eigenen Ängste ebenfalls auf einem Zettel notieren und einbringen. Die Übung erfordert besonders vom Team sehr viel Sensibilität für die Gruppenstimmung. Der zeitliche Aufwand variiert je nach Gruppengröße und danach, mit welcher Intensität die Teilnehmenden Tipps geben bzw. einsteigen. Es sollte daher unbedingt eine vertrauensvolle Atmosphäre geschaffen werden, und die Teilnehmenden sollten sich klar darüber sein, dass sie sich ihre eigenen Grenzen setzen können.

Ich habe mich eingesetzt, obwohl ich Angst hatte.

Zeit:
30–45 Minuten

Kurzbeschreibung:
Die Teilnehmenden beschreiben Situationen, in denen sie ihre Angst überwunden haben, um sich für etwas einzusetzen.

Ablauf:
Die Anleitung führt mit eigenen Worten in das Thema ein: *Unser Thema heißt jetzt „Ich habe mich eingesetzt, obwohl ich Angst hatte". Jeder hatte schon einmal Angst in einer bestimmten Situation, aber manchmal wollen wir etwas tun, obwohl wir Angst davor haben. Vielleicht habt ihr schon einmal mitbekommen, wie ein Kind von älteren Schülern geärgert wurde, und ihr seid trotzdem eingeschritten. Oder euer bester Freund, eure beste Freundin wurde von den „Coolen" aus der Klasse gehänselt, und ihr habt euch dennoch für ihn oder sie eingesetzt. Erinnert euch daran, wie ihr euch gefühlt habt, als ihr eingeschritten seid, obwohl ihr Angst hattet. Und denkt daran, wie ihr euch danach gefühlt habt: Wart ihr stolz? Habt ihr euch besser gefühlt, weil ihr euch getraut habt?*
Nun sind die Teilnehmenden an der Reihe: Jeder Teilnehmer, der möchte, sollte die Gelegenheit zum Sprechen bekommen. Es dürfen gerne Nachfragen gestellt, jedoch keine Bewertungen abgegeben werden.

Auswertung:
- *Was habt ihr aus dem gelernt, was die anderen erzählt haben?*
- *Warum ist es wichtig, über Situationen zu sprechen, in denen wir Angst davor hatten, uns einzusetzen? Was meint ihr?*
- *Inwiefern kann es uns auf zukünftige Situationen vorbereiten, uns für etwas Wichtiges einzusetzen, auch wenn wir davor Angst haben?*

Tipps für die Anleitenden:
Hier sollten Grundregeln für einen Gesprächskreis deutlich gemacht werden, um wirklich wertschätzend über die Themen und die persönlichen Bezüge zu sprechen. Dazu zählen das Zuhören, das Sprechen von sich selbst und ein respektvoller Umgang.

Angst und Mut

Hilfe holen ist kein Petzen!

Zeit:
45–60 Minuten

Kurzbeschreibung:
Die Jugendlichen reflektieren ihre Einstellung zum Thema „Petzen" und klären Zusammenhänge und Unterschiede zwischen verschiedenen Begriffen (z.B. Klassenzusammenhalt, Zivilcourage usw.). Sie lernen, dass es Situationen gibt, in denen sie auf jeden Fall Erwachsene zu Hilfe holen müssen.

Ablauf:
Die Klasse wird in Kleingruppen von 5–6 Personen eingeteilt. Jede Kleingruppe erhält einen großen Bogen Papier, auf dem der folgende Satzanfang steht: „Petzen ist für mich, wenn ein Mitschüler/eine Mitschülerin … ". Mehrere Aussagen werden von den Anleitenden aufgeschrieben und anschließend der Klasse vorgestellt.
Im Plenum werden die Bedeutungen, Zusammenhänge und Unterschiede folgender Begriffe diskutiert: Petzen, Klassenzusammenhalt, falsche Bewunderung, Mut, Zivilcourage, Hilfsbereitschaft, Hilfe holen. Eine Begriffsklärung könnte folgende Aspekte beinhalten: nicht selber betroffen sein und wiederholt kleinere Regelverstöße melden; sich einschleimen wollen; über andere lästern; unkameradschaftlich sein; mehrmals immer die Gleichen melden, um sie zu ärgern.
Abschließend wird gemeinsam eine Wandzeitung erstellt: „In welchen Situationen muss ich einen Erwachsenen um Hilfe bitten?"

Variante:
Als Einstieg kann auch ein Rollenspiel zu einer typischen Petzsituation dienen.

Weitere Themen können sein:
Gruppendruck, Cliquennormen, Werte, Vertrauen zu Erwachsenen, Klima an der Schule, Haltung der Lehrkräfte zu Problemen bei den Jugendlichen usw.

Auswertung:
- *Welche Probleme können Jugendliche untereinander regeln?*
- *Wann werde ich als Mitschüler/Mitschülerin aktiv und zeige Zivilcourage?*
- *Was hält viele davon ab, Hilfe zu holen?*

Tipps für die Anleitenden:
Die Jugendlichen müssen auf jeden Fall Hilfe holen bei Straftaten (z.B. Körperverletzung, sexuellen Übergriffen, Sachbeschädigung, Erpressung), Suchtgefährdung und Suizidgefahr.

Mutmachgeschichte – Das Kopftuch[47]

Zeit:
30 Minuten

Kurzbeschreibung:
Eigene Ängste zu kennen und Wege zu finden, wie man mit diesen umgehen kann, ist ein wichtiger Schritt. In manchen Fällen brauche ich aber Menschen, die mich unterstützen und die mir Mut machen.
In dieser Übung wird zum Einstieg eine Geschichte zweier Freundinnen betrachtet, um dann eigene Situationen zu sammeln, in denen man anderen Mut gemacht hat oder umgekehrt.

Ablauf:
Die Teilnehmenden erhalten eine Kopie der Geschichte KV *Mutmachgeschichte – Das Kopftuch* (S. 67). Der Text wird gemeinsam gelesen, anschließend werden Verständnisfragen geklärt. Danach kann eine Runde durchgeführt werden: Die Teilnehmenden äußern der Reihe nach ihren ersten Gedanken zu der Geschichte. Die Äußerungen werden nicht kommentiert. Teilnehmende können das Wort weitergeben, wenn sie nichts sagen möchten.

In Arbeitsgruppen von 4–5 Personen werden dann folgende Aufgaben bearbeitet:
1. *Wie genau hat Simone Fatma Mut gemacht?*
2. *Habt ihr schon einmal anderen Menschen Mut gemacht? Wenn ja, wie genau?*
3. *Wurde euch schon einmal Mut von anderen Menschen gemacht? Wenn ja, wie genau?*

Die Gruppen überlegen sich eine geeignete Visualisierungsform.

Weitere differenziertere Diskussionspunkte:
4. *Die Lehrerin setzt das Tragen der Baseballkappe mit dem Kopftuch gleich – warum ist das schwierig?*
5. *In diesem Fall möchte Fatma kein Kopftuch tragen. Das Wichtigste für sie ist, selbst entscheiden zu können. Viele Frauen entscheiden sich für das Kopftuch. Welchen Unterschied macht es für diese Geschichte?*

Auswertung:
Die Ergebnisse werden im Plenum vorgestellt und besprochen.
Ergänzend könnte das Analysemodell aus der Übung M *Das war aber brenzlig!* (S. 56) mit einbezogen werden. Die Situation kann dann nach den Schritten untersucht werden, die förderlich waren bzw. überwunden wurden, sodass Simone Fatma Mut machen konnte.

Tipps für die Anleitenden:
Das Thema „Kopftuchtragen" sollte sehr sensibel betrachtet werden. Hierbei sollten die Anleitenden die Diskussionen gut strukturieren bzw. leiten.
Bitte die oben genannten differenzierten Diskussionspunkte beachten, wie auch die Inhalte des Kapitels „Vorurteile und Urteile", S. 87 ff., parat haben und thematisieren.

Angst und Mut

Mutmachgeschichte – Das Kopftuch[48]

Jetzt wurde es aber Zeit! Warum hatte sie die Matheaufgaben bloß vergessen? (...)
Simone stürzte in die Klasse. Fatma war noch nicht da. Ausgerechnet heute!
„Hat mal einer von euch Mathe für mich?"
Simone war noch ganz außer Atem.
„Vor lauter Judo wieder keine Zeit gehabt, was?"
Natürlich Falk! Dem fiel auch immer nur dasselbe ein. Dass sie ihn auf den Boden werfen konnte, noch bevor er richtig mitbekam, was mit ihm geschah, ärgerte ihn maßlos. Er ließ keine Gelegenheit aus, ihr das zu zeigen.
„Wenn die Kiese deine Aufgaben sehen will, dann leg sie einfach flach!"
An die Kiesekowsky durfte Simone jetzt nicht denken. (...)
Wenn Fatma doch bloß schon da wäre! (...) Als sie das Ergebnis der ersten Aufgabe gerade herausbekommen hatte und unterstreichen wollte, merkte sie, dass es plötzlich ganz still geworden war. Verwirrt blickte sie auf. Fatma war eingetreten und kam auf ihren Platz zu. Das konnte doch nicht wahr sein! Fatma trug ein Kopftuch. Von der hätte sie das zuletzt erwartet. Fatma war doch immer ganz selbstbewusst. Die ließ sich so schnell nichts sagen. Vielleicht war ihre selbstbewusste Art ja auch nur Fassade gewesen. Als ihre Eltern sie nicht mit zum Judokurs gehen ließen, war ja eigentlich schon deutlich geworden, wie wenig sich Fatma durchsetzen konnte.
„Hast du Mathe noch nicht?" Fatma holte ihr Heft aus der Tasche und legte es Simone hin.
„Das schaffst du noch. Ist nicht so viel." Simone begann sofort zu schreiben.
Gerade hatte sie das Heft zugeschlagen und zu Fatma zurückgeschoben, da ging die Tür auf. Die Lehrerin merkte sofort, dass irgendetwas nicht stimmte. Eine solche gespannte Stille herrschte sonst nur, wenn sie Arbeiten zurückgab. Ein Blick über die Klasse sagte ihr sofort, was los war. Aber sie tat so, als wäre nichts.
„Holt die Hausaufgaben raus!"
„Bitte etwas lauter! Oma Fatma kann heute nicht so gut hören."
Typisch Falk. Alle lachten. Die Lehrerin blickte ihn ernst an.
„Jeder darf in der Schule tragen, was er will", sagte sie. „Das ist in einer demokratischen Schule nun mal so. Ob es dir gefällt oder nicht. Ich muss zugeben, mir passt das Tragen von Kopftüchern nicht. Genauso wenig wie deine Baseballkappe."
Falk grinste.
„Überhaupt finde ich es nicht gut, die eigene Meinung vor allem durch Kleidung zur Schau zu stellen", fuhr die Lehrerin fort. „Wenn wir wollen, dass wir gleiche Rechte haben, dann sollten wir nicht versuchen, uns durch Kleidung voneinander abzugrenzen. Das ist meine persönliche Meinung. Du kannst also deine Baseballkappe auflassen. Und Fatma ihr Kopftuch. Aber vielleicht überlegt ihr euch das ja noch einmal. Und jetzt zeigt mir die Hausaufgaben."
In den Pausen zog sich Fatma zurück. Und auch nach dem Unterricht war sie schnell verschwunden. Simone hatte sich gar nicht richtig bei ihr bedanken können. Und zum Fragen, was es mit dem Kopftuch auf sich hatte, war erst recht keine Gelegenheit gewesen. Erstaunlich, dass Fatma den Mut besaß, mit dem Kopftuch in die Schule zu kommen. Die wusste doch genau, wie die anderen reagieren würden. Oder hatten ihre Eltern sie so unter Druck gesetzt, dass ihr nichts anderes übrig blieb? Simone fiel wieder die verbotene Teilnahme am Judokurs ein. Fatma tat ihr leid. Sie wollte ihr helfen. Irgendwie musste sie sich solidarisch zeigen. Sie musste deutlich machen, dass das Tragen eines Kopftuches genauso selbstverständlich sein konnte wie das Helfen

bei den Hausaufgaben. Am nächsten Morgen würde sie auch ein Kopftuch tragen. Ihr fiel das gebatikte Tuch ein, das sie im Kunstunterricht gemacht hatte. Blau, grün und türkisfarben. Sie hatte es über ihrem Bett an die Wand gehängt. Als Simone am nächsten Tag ebenfalls mit Kopftuch in der Schule erschien, war das Gejohle bei den Jungen groß. Aber irgendwie schien es einigen auch zu imponieren, dass sie genau das tat, was die Kiesekowsky nicht gut fand. Fatma war so erstaunt, wie sie es selbst tags zuvor gewesen war, und lächelte ihr dankbar zu. Aber sie sagte nichts. Sie schob nur wortlos das Heft mit den Rechenaufgaben zu ihr hinüber. Mit einem Blick hatte sie gesehen, dass Simones Ergebnisse falsch waren. Auch die Kiesekowsky sagte nichts. Und nach ein paar Tagen schienen sich sogar die Jungen an die beiden Kopftücher gewöhnt zu haben. Selbst Falk gingen mit der Zeit die Witze aus. Fatma ließ er auch in Ruhe. Simone war sich sicher, das Richtige getan zu haben. Montagmorgen. Keine verdrängten und unerledigten Matheaufgaben belasteten Simone. Sie hatte es nicht eilig. Kurz bevor sie die Schule erreichte, band sie sich wieder das Kopftuch um. Nur wenige Augenblicke, bevor die Kiesekowsky in den Flur einbog, betrat Simone die Klasse. Wie versteinert blieb sie in der Tür stehen. Fatma saß bereits auf ihrem Platz. Sie trug kein Tuch. Ihre schwarzen, leicht gekräuselten Haare fielen ihr wie zuvor bis auf die Schultern. Von hinten wurde Simone leicht in die Klasse geschoben.
„Es geht los", sagte die Lehrerin freundlich.
„Ja, ja", antwortete Simone verwirrt und setzte sich auf ihren Platz. Sie wagte kaum, zu Fatma herüberzusehen. Hatte die Kiesekowsky doch Druck gemacht? Oder ... In dieser Stunde konnte sich Simone nicht auf das konzentrieren, was die Lehrerin an der Tafel zu erklären versuchte. Sie konnte es kaum abwarten, bis das Pausenzeichen erklingen würde.
Endlich war es so weit. Alle stürmten aus dem Raum. Selbst die Lehrerin schien es eilig zu haben. Nur Fatma räumte noch an ihrem Platz herum, obwohl sie eigentlich schon alles in ihre Tasche gepackt hatte.
„Warum gibst du auf?"
Die Enttäuschung war Simones Stimme deutlich anzuhören. Fatma sah sie eine Zeit lang schweigend an. Dann setzte sie sich auf den Tisch.
„Es ist mir nicht leichtgefallen, das Kopftuch umzubinden", sagte sie schließlich. *„Aber ich wollte durchsetzen, das tragen zu dürfen, was zu meiner religiösen Überzeugung gehört."* Sie zögerte einen Augenblick. *„Zu der meiner Eltern"*, fügte sie dann leise hinzu. *„Ich habe es geschafft, weil du mir geholfen hast."*
Sie hob die Beine auf die Tischplatte, winkelte sie an und schlang ihre Arme um die Knie.
„Aber jetzt beginnt der schwierigere Teil. Jetzt muss ich mich gegen meine Eltern durchsetzen, die mich zwingen wollen, so zu sein und so zu fühlen wie sie. Dazu muss ich das Tuch wieder abnehmen. Das wird noch schwieriger für mich werden, als das Tuch zu tragen."
Wortlos nahm Simone ihr Tuch ab und stopfte es in die Schultasche.
„Trag es ruhig weiter", sagte Fatma.
„Das kann ich nicht. Ich wollte dir Mut machen, wollte einer Freundin helfen."
Fatma horchte auf.
„Einer Freundin?"
Simone nickte und sah Fatma dabei in die Augen.
„Wenn ich ohne Kopftuch nach Hause komme und mein Vater mit mir schimpft, ist es gut zu wissen, eine Freundin zu haben. Das kann stark machen."
Fatma griff in ihre Tasche und holte eine Plastikdose mit Weinblattröllchen heraus.
„Yaprak dolmasi. Hat meine Mutter gemacht. Schmecken toll. Sie kann fantastisch kochen. Ich habe ihr von dir erzählt. Du solltest uns mal besuchen, hat sie gesagt. Meine Eltern werden dich mögen."
Sie hielt Simone wieder die Dose mit den Röllchen hin.

Angst und Mut | Methode

Der Gewinner ist ...

Zeit:
20 Minuten

Kurzbeschreibung:
Die Teilnehmenden entdecken und benennen eigene Leistungen oder Eigenschaften, für die sie ihrer Meinung nach Anerkennung verdient haben; sie gestalten und verleihen Preise.

Ablauf:
Stellen Sie sicher, dass auf einem Tisch genügend Material für kreative Arbeit bereitsteht (z.B. bunte Stifte, Tonpapier, Glanzfolie ...).
Den Teilnehmenden wird angekündigt, dass sie besondere Preise für einige verdienstvolle Personen herstellen werden.
Folgende Erläuterung wird an die Gruppe gegeben:
Sucht euch einen Partner. Erzählt euch gegenseitig, wofür ihr unbedingt einen Preis bekommen möchtet. Das kann ein „Großer-Bruder-Preis" oder ein „Sportlerin-des-Monats-Preis" sein. Ihr könnt den Preis auch für etwas erhalten, das ihr früher einmal getan habt. Sagt euren Partnern, wofür ihr den Preis verdient habt. Diese basteln dann für euch eine Urkunde, die euch später offiziell verliehen wird. Ihr könnt euch einfach bedanken, wenn ihr den Preis bekommt – ihr dürft aber auch eine Dankesrede halten.

Dann wird von den Anleitenden die feierliche Preisverleihung organisiert und die Zeremonie geleitet. Paarweise werden die Teilnehmenden nach vorne gerufen. Nach jeder Preisverleihung geben die anderen einen großen Applaus.

Auswertung:
Keine

Tipps für die Anleitenden:
Das Team sollte Anregungen geben, während die Teilnehmenden arbeiten. Die Anleitenden können gut mit Titeln für die Auszeichnungen aushelfen; beispielsweise einen Preis nennen, den sie selbst gerne bekommen würden.

Aggression und Wut

Passt bloß auf, der ist total aggressiv!

"Passt bloß auf, der ist so richtig aggressiv!"
Ein Schüler brüllt in der Pausenhalle, andere Schüler rennen zum Geschehen. Der Schüler ist nicht zu bremsen, unkontrolliert fliegen seine Fäuste durch die Luft. Ein-, zweimal treffen sie sein Gegenüber. Der zieht es vor, außer Reichweite des Wüterichs zu gehen. Dieser verfolgt ihn. Als er ihn nicht erreichen kann, fängt er an, auf die Tasche, die der Flüchtige fallen gelassen hat, einzutreten. Hefte, Zettel, eine Trinkflasche und eine Federtasche fliegen umher. Er schreit mit hochrotem Kopf: „Ich bring dich um, du Arsch!" Dann fliegt alles, was er noch zu fassen bekommt, durch die Luft. Stühle, ein Papierkorb, sogar seine eigene Mütze.
Einige Anwesende gehen in Deckung und beobachten das Geschehen von Weitem.
Der aufgebrachte Schüler fängt an zu weinen und läuft davon. Er wird heute sicherlich nicht mehr in die Schule kommen. Und sein Ruf an der Schule ist besiegelt.

Definitionen von Aggression

Im Alltag werden die Begriffe „Aggression" und „aggressiv" häufig gebraucht, und alle Beteiligten scheinen zu wissen, was damit gemeint ist. Doch nicht einmal die Wissenschaft ist sich darüber einig, was als aggressiv gilt und was nicht. Der Aggressionsbegriff soll hier durchschaubarer werden. **Was sind Aggressionen, und wie entsteht aggressives Verhalten?** Wie können wir **sinnvoll** mit Aggressionen oder Wut umgehen? Wie können wir in einer aggressiven Situation konstruktiv eingreifen? Wohin mit unserer Wut, wenn wir in einem Konflikt deeskalierend handeln wollen?
Viele Menschen denken bei dem Begriff der Aggression an körperliches oder gewalttätiges Verhalten. Andere beziehen verdeckte Aggressionsformen wie Drohungen oder mangelnde Hilfeleistung mit ein, während für manche Menschen effektive Erregungen, wie Ärger und Wut, zur Aggression zählen. Gemeinsam ist den Aussagen über aggressive Handlungen, dass sie meistens **nicht beschreiben, sondern bewerten**.
Der Begriff Aggression enthält für viele sofort die „böse" Absicht des Aggressiven.
Wenn einer Person gesagt wird, sie habe sich aggressiv verhalten, so ist das als Vorwurf gemeint und nicht als Feststellung. Die Handlung des anderen wird dabei vom eigenen Standpunkt

Aggression und Wut

aus beurteilt. Wir bezeichnen eher das Verhalten anderer als „aggressiv" als unser eigenes. Der andere hat uns höchstens dazu gebracht, aggressiv zu reagieren, weil er sich unangemessen verhalten hat. Somit war unsere Aggression gerechtfertigt.

Eine eindeutige Begriffsdefinition von „Aggression" ist nicht möglich. In der Wissenschaft zeichnen sich **zwei Haupttendenzen** ab, nämlich den Aggressionsbegriff eng oder weit zu fassen.

Der **weit gefasste Aggressionsbegriff** umfasst jedes Verhalten, welches das Gegenteil von Passivität und Zurückhaltung darstellt. Aggression wird mit Aktivität gleichgesetzt, unabhängig davon, ob sie eine schädliche Auswirkung hat.

Die **engere Fassung** des Aggressionsbegriffs meint, dass zielgerichteter oder zumindest „gerichteter" Schaden beeinträchtigt und Schmerz zufügt. Diese Definition ist negativ wertend, hat sich aber dennoch unter den Aggressionsforschern durchgesetzt.

Weiterhin gibt es die Möglichkeit, den Aggressionsbegriff beschreibend oder verhaltensbezogen zu verwenden.

Für unsere Zwecke wird bei dem Begriff Aggression von Verhaltensweisen und Einstellungen ausgegangen, die bewusst eine Sache oder Person physisch oder psychisch verletzen oder gefährden. Neben diesen destruktiven Formen der Aggression betonen wir aber auch ihre **positive, konstruktive** Seite. Jeder Mensch wird mit einer Grundausstattung an Aggression geboren. Trotzdem ist Aggression im Wesentlichen eine Verhaltensform und somit veränder- und einschätzbar. Die Definitionen von Aggression und Gewalt liegen sehr eng beieinander. Aggressives Verhalten kann sich gewalttätig äußern (siehe Kapitel „Gewalt", S. 36). Heute vertritt kaum eine Forscherin oder ein Forscher eine „reine Lehre". Die vier gängigen Theorien im Zusammenhang mit Aggression – die Trieb-, Frustrations-, Anerkennungs- und die Lerntheorie – werden in einem integrierenden Ansatz zusammengefasst. Dabei nimmt das **lerntheoretische Erklärungsmodell**, besonders der Lerntyp **Lernen am Modell**, eine zentrale Rolle ein. Die Lerntheoretiker entwickelten die Theorie, **dass der Mensch im Laufe seiner Entwicklung die ihn kennzeichnenden Verhaltensweisen erlernt**. Wie der Einzelne handelt, hängt von seinem sozialen Erfahrungsprozess ab.[49]

Kinder und Jugendliche streben nach einem **positiven Selbstbild**. Ihr Streben wird durch eine integrationsbereite Anerkennungskultur im sozialen Umfeld und im Zugang zu zentralen gesellschaftlichen Institutionen gefördert und ausgebildet (Anomietheorie, siehe auch S. 52). Bleibt ihnen die Anerkennung und die Beteiligung versagt, bildet sich für die Einzelnen oder die Gruppen eine Desintegration heraus. Das Herausfallen und Hinausgedrängt-Werden aus einem anerkannten gesellschaftlichen Lebensprozess bedeutet für einen Teil der Jugendlichen das Zurückziehen in Subkulturen. Dort werden Anerkennung und Beteiligung selbst definiert. Jugendliche erreichen Anerkennung durch Stärke und Gewalt. Eine negative Anerkennung oder das Ansehen in ihrer Peergruppe ist hier besser als gar keine.

Aggressives Verhalten kann genauso **gelernt**, wie auch **verlernt** werden (Lernen am Modell und Lernen am Erfolg). Durch **gezieltes persönliches Training** und durch solidarische Einbindung der erlebten, sozialen Umwelt unterstützen Erkenntnisse der Lerntheorie eine sinnvolle Aggressionsbeeinflussung. Sie ermöglichen Veränderungen im Verhalten und setzen dabei voraus, dass **der Umgang mit Aggressionen von einer Verbindung von Erbfaktoren, sozialem Umfeld und Lernen abhängt.**

Für einen konstruktiven Umgang mit Aggressionen ist es wichtig, Aggression als Verhalten zu verstehen. **Gefühle der Wut** (oder auch Angst, Ärger und Stress), die im Zusammenhang mit Aggressionen entstehen, sollen so angenommen werden, wie sie sind, während **aggressives Verhalten verändert werden** kann und soll. Wut ist eine heftige Emotion, die häufig eine aggressive Reaktion auslöst. Hinter der Wut stehen oft Ungerechtigkeiten oder Kränkungen, die im Augenblick der emotionalen Explosion zum aggressiven Handeln oder auch zum völligen Kontrollverlust führen können. Die Wut ist zu groß, und der Tunnelblick lässt keine Wahrnehmung von außen mehr zu.

Die höchste Eskalationsstufe

Die *KV* Eskalationsstufen[50] (S. 78) sind bestiegen und haben das Ende erreicht. Wütend fliegen die Fäuste durch die Luft. Wie können wir in so einer Situation, wie am Anfang beschrieben, **rechtzeitig beruhigend eingreifen**? Was können wir von außen **jetzt noch tun**? Die große Gefahr besteht darin, selbst verletzt zu werden, denn wütende Menschen kennen keine Freunde in ihrer erregten Haltung.

Lass mich in Ruhe, was willst du denn jetzt!?

Hier ist die Situation so aus dem Ruder gelaufen, dass es sinnvoll scheint, dass sich alle aus dem Geschehen zurückzuziehen, damit sie selbst geschützt sind und kein weiteres Öl ins Feuer gießen. Jugendliche neigen dazu, einen Wütenden weiter zu provozieren, um ihn bis zum Äußersten zu treiben, weil sie prüfen wollen, wie weit er aus der Haut fahren kann.
Wichtig ist es vor allem, **denjenigen, auf den die Wut gerichtet ist**, aus dem Blickfeld des Angreifers zu entfernen. Da die in Wut geratene Person kein Publikum mehr hat, ist die Wahrscheinlichkeit sehr hoch, dass sie zur Ruhe kommt. Aber nicht immer schaffen wir es, die Beteiligten alle rechtzeitig in Sicherheit und aus dem Blickfeld des Tobenden zu bringen.

Aggression und Wut

Präventivmaßnahmen

Deswegen sind präventive Maßnahmen, die in der Klasse besprochen und eingeübt werden können, sehr hilfreich. Dazu gehört das **Einüben von gezieltem Durchbrechen des Tunnelblicks**, durch eine **paradoxe Intervention** (beispielsweise das Ansprechen des Opfers, als würde man es schon lange kennen) und anschließend eine beruhigende Gesprächsführung, bis deeskaliert wurde. Aber es ist auch gut, zu wissen, was den Einzelnen in der Klasse „auf die Palme bringt", damit wir das eventuell provozierende Verhalten der Mitschüler im Vorfeld eindämmen können.

Interessant ist auch die präventive Möglichkeit, eine **Vereinbarung** mit einem potenziell aggressiven Menschen zu treffen. Eine bestimmte Person (Lehrkraft, Freund) darf in einer Problemsituation rechtzeitig ein Wort oder einen Satz sagen, damit der Wütende weiß: „Achtung, ich fange gerade an, unkontrolliert zu handeln. Da ist einer, der es gut mit mir meint und mich vorwarnt." Selbstverständlich müssen wir Schülern, die immer wieder in Wut geraten, ein Angebot machen, z.B. ein **externes Coaching** anbieten (nach regionalen Anbietern Ausschau halten!), damit diese eine schnelle Ausstiegsmöglichkeit aus den Eskalationsstufen trainieren können. Wenn es uns gelingt, die Situation zu beruhigen, bedeutet das nicht, dass die Wut nicht wieder aufflammen kann. Deswegen ist es ratsam, ein Gespräch mit den Beteiligten zu führen, damit sie in einer ähnlichen Situation in Zukunft mit kühlem Kopf reagieren können. Gut ausgebildete **Schülermediatoren** sind für ein solches Gespräch sehr wichtig.

Ziel ist es, im Seminar **Aggressionssituationen einschätzen** zu können und ein **alternatives Verhaltensrepertoire** zum rechtzeitigen Eingreifen zu erlernen, aber auch **sein eigenes aggressives Verhalten zu erkennen**, um nicht blindwütig und somit eskalierend in eine Situation einzugreifen.

Hilfreich sind in einer aufgeheizten Situation Gesprächstechniken und Deeskalationsstrategien.

Wut ist gut. Wenn in uns Wut aufkommt, dann ist das erstmal auch als **Alarmglocke** zu deuten, dass hier gerade etwas passiert, das uns emotional ergreift und uns zum Handeln auffordert. Wenn wir unsere Wut in der freien Aggression ihren Lauf nehmen lassen, so vergessen wir, dass sich hinter ihr Bedürfnisse und Gefühle verstecken. Diese zu benennen, ist der erste Schritt, mit der eigenen Wut und der eigenen Aggression konstruktiv umzugehen und sie kultiviert zu kanalisieren.[51]

Die folgenden Übungen sollen helfen, sich dem Thema Aggression schrittweise zu nähern. Einer **Einführung zu eigenen Wuterfahrungen** folgen die **Wahrnehmungen eigener und fremder Aggressionen**. Anschließend werden **zeitiges Eingreifen** in aggressiven Situationen und **Gesprächstechniken zur Deeskalation** eingeübt.

Burning Björn

Zeit:
20 Minuten

Kurzbeschreibung:
Die Übung sensibilisiert auf eine spielerische Weise für das Gefühl Wut. Sie kann gleichzeitig auch als Kennenlernübung verwendet werden. Die Teilnehmenden stellen in einer Bewegung kurz dar, was sie machen, wenn sie wütend sind. Der Übung folgt keine Auswertung.

Ablauf:
In einer Runde sollen die Teilnehmenden ihren Namen sagen und den Satz vervollständigen:
„Wenn ich wütend bin, dann ..."
Zum Beispiel: *„Ich bin Björn, und wenn ich wütend bin, dann ... wird mein Kopf ganz rot ...",* oder: *„... dann stampfe ich mit dem Fuß auf."*
Zusätzlich sollen die Teilnehmenden eine verdeutlichende Bewegung machen.

Bevor die nächste Person an der Reihe ist, müssen der Name, der Satz und die Bewegung aller vorherigen Personen wiederholt werden.

Auswertung:
Keine.

Tipps für die Anleitenden:
Die Anleitenden sollten einführend beginnen und eine Bewegung vormachen.
Bei einer Gruppe mit über 15 Teilnehmenden kann die Kette auch unterbrochen werden und z.B. festgelegt werden, dass immer nur die letzten fünf wiederholt werden sollen.

Aggression und Wut

Methode

Wutpalme

Zeit:
45 Minuten

Kurzbeschreibung:
Die Teilnehmenden sollen benennen:
- *Was bringt sie auf die Palme? Was macht sie wütend?*
- *Was hilft ihnen, wieder von der Palme herunterzukommen? Was hilft ihnen, sich wieder zu beruhigen?*

Die Teilnehmenden sollen in dieser Situation ihren persönlichen Umgang mit Wut und Aggressionen reflektieren. Sie sollen lernen, eigene Verhaltensweisen zu erkennen und eventuell in Frage zu stellen. Durch Erarbeitung eines konstruktiven Verhaltens im Umgang mit Aggression sollen sie in den Partnergesprächen hierfür gestärkt werden.

Ablauf:
Die Teilnehmenden sollen in Einzelarbeit zunächst die auf der folgenden *KV Wutpalme* (S. 76) gestellten Fragen beantworten.
Anschließend besprechen sie paarweise ihre Ergebnisse und wählen dabei jeweils eine besonders konstruktive oder hilfreiche Idee ihres Gesprächspartners zum Umgang mit Wut und Aggression aus sowie eine eigene Verhaltensweise, die sie nach dem Gespräch als eher problematisch bewerten. Zusätzlich werden die ausgewählten Beispiele kurz auf Kärtchen geschrieben.

Auswertung:
Im Plenum stellt jeder das ausgewählte, konstruktive Verhalten des Partners mit Begründung vor und nennt ein eigenes problematisches Verhalten, das persönlich verändert werden soll. Nach jeder Vorstellung befestigt der Teilnehmende das Kärtchen „Was bringt mich auf die Palme" (oben) und das Kärtchen „Was beruhigt mich" (unten) auf die an der Wand hängende vorbereitete Gruppenpalme (z.B. Zeichnung auf einem Wandplakat). Die Kärtchen mit den problematischen Verhaltensweisen, die geändert werden sollen, werden neben der Palme auf einem gesonderten Plakat („Das will ich ändern") befestigt.

Tipps für die Anleitenden:
Die von den Teilnehmenden genannten positiven Verhaltensweisen, die für die Anleitenden problematisch erscheinen (z.B. „… erstmal ein Bier trinken"), sollten im Gruppengespräch diskutiert und neu bewertet werden.

„Die Wutpalme"[52]

1. Was bringt dich auf die Palme? Trage fünf Dinge, Gründe oder Verhaltensweisen, die dich ärgerlich oder wütend machen, in die „Wutpalme" ein.
2. Was hilft dir meistens, von der „Palme wieder herunterzukommen"? Was machst du, um dich wieder zu beruhigen? Nenne mindestens fünf Verhaltensweisen!

Aggression und Wut Methode

Schritt für Schritt in den Abgrund

Zeit:
30 Minuten

Kurzbeschreibung:
Die Teilnehmenden sollen bei der Betrachtung der KV *Eskalationsstufen* (S. 78) erkennen, wie schwierig das Eingreifen in einer Auseinandersetzung ist, wenn der Konflikt nicht rechtzeitig unterbrochen wird. Darüber hinaus sollen die Teilnehmenden feststellen, dass frühes Eingreifen in einen Konflikt weniger Aufwand und Energie kostet. Es wird deutlich, dass in einer fortschreitenden Eskalation ein persönliches Eingreifen fast unmöglich wird, wenn man nicht selbst zu Schaden kommen will.

Ablauf:
Die Teilnehmenden bekommen die Zeichnungen der Eskalationsstufen als Kopie vorgelegt. In kleinen Gruppen sollen sie folgende Fragen beantworten und begründen.
- *Bis zu welchen Stufen können die Streitenden sich noch selbst aus dem Konflikt befreien?*
- *Bis zu welchen Stufen ist ein persönliches Eingreifen von außen noch möglich?*
- *Ab welcher Stufe ist es ratsam, nicht persönlich einzugreifen und weitere Hilfe (z.B. Polizei) anzufordern?*

Variante:
Sie können die Stufen für die Gruppenarbeit auch einzeln ausschneiden, damit die Teilnehmenden in den Gruppen die Stufen selbst in die richtige Reihenfolge bringen können.

Auswertung:
Die Kleingruppen stellen ihre Arbeitsergebnisse vor. Dabei sollen eventuelle unterschiedliche Einschätzungen zur Diskussion freigegeben werden. Zum Abschluss wird eine gemeinsame Stufeneinteilung zu den bearbeiteten Fragen auf einer Flipchart festgehalten.

Tipps für die Anleitenden:
Wenn die Vorstellung der Begründungen aus den Kleingruppen zu allgemein ist: konkret und gezielt nachfragen!

Eskalationsstufen[53]

Illustrationen: © ikm & malmann®
www.ikm-hamburg.de

1. Verhärtung
Meinung und Standpunkte verhärten sich; noch keine starren Lager

2. Debatte/Polemik
Polarisation im Denken, Fühlen und Handeln; langatmige Debatten und taktische Verhaltensweisen; Verhärtung der Standpunkte

3. Taten statt Worte
Keine Partei will nachgeben; Beharren auf dem eigenen Standpunkt; Erwartung, dass das Gegenüber die Meinung übernimmt

4. Images und Koalitionen
Gegner wird zum Feind; „Lager" spalten sich

Aggression und Wut | Kopiervorlage

5. Gesichtsverlust
Öffentliche Bloßstellung und Diffamierung des Gegners

6. Drohstrategien
Gegenseitiges Aussprechen von Drohungen; Legen so genannter „Stolperfallen"

7. Begrenzte Vernichtungsschläge
Gegner/Feind wird zur „Sache" erklärt

8. Zersplitterung
Ziel: „Vernichtung" des Gegners; Zerbrechen des feindlichen Systems

9. Gemeinsam in den Abgrund
Vernichtung des Gegners um jeden Preis, auch wenn das Selbstvernichtung heißt

Das ist mir wichtig!
Das Panorama der Lebensfreude[54]

Zeit:
45 Minuten

Kurzbeschreibung:
Die Teilnehmenden sollen sich erinnern und darüber bewusst werden, was ihnen im Leben wichtig ist und welche Menschen ihnen unterstützend zur Seite stehen.
- *Freude und Spaß, was heißt das für dich?*
- *Was ist wichtig in deinem Leben?*

Wer das weiß, lässt sich nicht so leicht umhauen.

Ablauf:
Die Teilnehmenden bekommen ein Plakat, auf das sie in die Mitte einen Kreis malen. In den Kreis schreiben sie das Wort ICH. In Einzelarbeit malen sie Menschen/Dinge/Freunde/Tätigkeiten, die für sie in ihrem Leben wichtig sind: je wichtiger, desto dichter am Kreis in der Mitte. Anschließend sollen die Teilnehmenden sich zu zweit zusammenfinden und ihrem Gegenüber einzelne Aspekte ihrer Zeichnungen (so viele sie mögen) vorstellen.

Auswertung:
In der Gesamtgruppe werden dann von den Kleingruppen ihre Dinge vorgestellt, diskutiert und anschließend von der Anleitung auf einem großen Plakat festgehalten.

Tipps für die Anleitenden:
Die Anleitung gibt ein Beispiel vor. Die Anleitung respektiert, wenn jemand nicht seine wichtigen Personen nennen möchte.

Aggression und Wut | Methode

Das ist mein Platz

Zeit:
30 Minuten

Kurzbeschreibung:
Die Teilnehmenden erleben eine gespielte und von den Anleitenden gesteuerte Situation, in der sie durch eigene Handlungen reagieren müssen. Es werden verschiedene Handlungsalternativen durchgespielt und die besten gesammelt.
Dabei wird darauf geachtet, dass eine Handlungsmöglichkeit eine formulierte KV Ich-Botschaft (S. 83) sein soll. Diese Möglichkeit soll jedoch „by doing" herausgefunden werden. Die Kopiervorlage wird erst im Anschluss ausgeteilt und besprochen (bzw. können Sie den Inhalt auch mündlich vermitteln).

Ablauf:
Ein Stuhl steht sichtbar für alle im Raum. Eine beliebige Jacke wird über diesen Stuhl gehängt. Der Anleitende setzt sich auf diesen Stuhl. Ein Freiwilliger wird ausgesucht. Er stellt sich Folgendes vor:
Die Jacke ist deine, du hast damit diesen Stuhl besetzt. Du kommst in den Raum und siehst, dass ein anderer aus deiner Gruppe (der Anleitende spielt den gleichaltrigen Stuhlbesetzer) *auf dem Stuhl sitzt. Du möchtest auf deinen, mit deiner Jacke besetzten, Stuhl. Wie machst du das? Spiel es vor.*
Der Anleitende macht es den Spielenden nicht zu leicht, auf ihren Platz zu kommen.

Auswertung:
Anschließend wird die Handlung mit der Gruppe diskutiert und auf einem Plakat festgehalten. Der nächste Teilnehmende probiert eine neue Handlungsalternative aus. So werden einige Runden durchgespielt.

Zum Abschluss werden alle Handlungsalternativen vorgelesen, und es wird sich auf die drei besten geeinigt. In diesem Zusammenhang wird auf die Besonderheit einer Ich-Botschaft eingegangen. Eine Ich-Botschaft kann deeskalierend sein!

Tipps für die Anleitenden:
Wenn jemand versucht, mit Gewalt den Stuhl zu besetzen, dann sollte dagegengehalten werden. Wenn der Anleitende „Stopp" sagt, ist das Rollenspiel sofort beendet.
Der Anleitende wird weich in seiner Rolle, wenn der spielende Teilnehmende eine Ich-Botschaft formuliert. Der Anleitende fördert im Laufe der Rollenspiele die Ich-Botschaft: *„Wie könnte man eine Ansprache noch formulieren, damit die Situation nicht eskaliert und der Platzbesetzer Einsicht zeigt?"*
Siehe I *Tipps für Rollenspiele* (S. 133).

Ich bin – du bist

Zeit:
45 Minuten

Kurzbeschreibung:
Die Teilnehmenden sollen die vier Schritte einer KV *Ich-Botschaft* (S. 83) kennen und anwenden lernen (die Kopiervorlage können Sie verteilen oder den Inhalt mündlich vermitteln). Mit Hilfe von möglichen Anfangssätzen werden Du-Botschaften in Ich-Botschaften umformuliert. Diese starren Formulierungen werden später dann in der individuellen Alltagssprache eingeübt.

Ablauf:
Es werden vier Stühle gut sichtbar in eine Reihe gestellt. Auf jedem Stuhl werden je zwei Plakate angebracht. Eins gut sichtbar für das Publikum und eins gut sichtbar für die Freiwilligen, die sich hinter dem Stuhl aufstellen werden. Auf den Plakaten stehen folgende Anfangssätze:
*Stuhl 1: Ich bin .../Stuhl 2: Wenn du .../
Stuhl 3: Weil ich .../Stuhl 4: Ich wünsche mir ...*

Der Anleitende macht die Übung vor. Er liest eine Du-Botschaft (einige Beispiele siehe unten) und formuliert sie um, indem er in der korrekten Reihenfolge von Stuhl zu Stuhl geht. Dabei formuliert er mit den Anfangssätzen eine Ich-Botschaft. Jetzt sind die Teilnehmenden an der Reihe.
Es ist für die Teilnehmenden auch möglich, an einem Stuhl stehen zu bleiben und Hilfe von einem weiteren Teilnehmenden anzufordern. Sind die Ich-Botschaften eingeübt, wird im nächsten Durchgang (im gleichen Verfahren wie im ersten Durchgang) versucht, sich in der individuellen Sprache der Teilnehmenden auszuprobieren. Die Satzanfänge sollen dann variiert werden.

Einige Beispielsätze für die Umformulierung:
- *Du kommst wie immer zu spät, jetzt habe ich keine Lust mehr, was mit dir zu unternehmen!* (z.B.: **Ich bin** traurig – **wenn du** mich so lange warten lässt – **weil ich** das Gefühl habe, ich bin dir nicht wichtig – **ich wünsche mir**, dass du in Zukunft pünktlicher bist oder mich rechtzeitig anrufst.)
- *Du redest immer dazwischen.*
- *Du faule Socke, alles muss ich machen.*
- *Du Scheiß-Bestimmer, immer geht es nach deiner Nase.*
- *Was für ein Saustall, du wirst niemals Ordnung halten können.*
- *Mit dir will ich nicht zusammen arbeiten, du hältst dich an keine Abmachung.*
- *Wie redest du mit mir, du bist doch selber eine blöde Kuh.*

Auswertung:
Feedback gibt es, je nachdem, wie es passt, in und nach jedem Durchgang. Zum Schluss fassen die Anleitenden die Besonderheit einer Ich-Botschaft in Abgrenzung zur Du-Botschaft zusammen.

Variante:
- Die KV ‚*Du-Botschaften' umformulieren in ‚Ich-Botschaften'* (S. 84) kann zusätzlich genutzt werden.

Tipps für die Anleitenden:
Bitte üben Sie unbedingt im Vorfeld selber Ich-Botschaften ein, das schafft Sicherheit. Wenn nötig, formulieren Sie weitere Beispielsätze vor.

Aggression und Wut | Kopiervorlage

Ich-Botschaften

Grundsätze der Ich-Botschaften:
- Eine Ich-Botschaft ist eine nichtverletzende Ärgernismitteilung.
- Es geht darum, von sich zu sprechen, und zwar so, dass beim anderen kein Gefühl von Scham, Schuld oder Angst aufkommt. So kann beim anderen eine Gesprächsbereitschaft geweckt werden.
- Ich-Botschaften bestehen aus einem Gefühl- und einem Tatsachenteil.
- In Ich-Botschaften wird nicht verallgemeinert (immer, nie, ständig). Es geht um konkrete Situationen.
- Vorsicht: Im Wunsch darf kein Vorwurf stecken – das baut beim Gegenüber sonst die Mauer wieder auf!
- Ich-Botschaften enthalten niemals Beleidigungen.
- Der Ton ist freundlich.
- Ich-Botschaften schaffen Klarheit.

Ich-Botschaften lassen sich nach dem folgenden Schema trainieren:[55]
1) Ich bin ... *(mein Gefühl)*
2) Wenn du .../Als du ... *(konkrete Situation)*
3) Weil ich/Weil mir ... wichtig ist ... *(mein Bedürfnis)*
4) Ich wünsche mir ... *(Wunsch)*

Im Alltag sollt ihr natürlich eure eigenen Worte benutzen.

„Du-Botschaften" umformulieren in „Ich-Botschaften"

1. Du kommst schon wieder zu spät!

2. Du lässt mich nie ausreden!

3. Du bist so faul! Warum soll eigentlich ich immer alles machen?

4. Immer geht es nach deiner Nase! (z.B. Bestimmen eines Ausflugsziels)

5. Du bist so chaotisch – du wirst es niemals lernen, Ordnung zu halten!

6. Du hältst dich nie an Abmachungen!

7. Du bist unverschämt! So etwas sagt man nicht! (z.B. Beleidigung wie „Du blöde Kuh!")

Aggression und Wut   Methode

Wutentbrannt

Zeit:
30 Minuten

Kurzbeschreibung:
Die Teilnehmenden versuchen durch „Aktives Zuhören" und gutes Zureden, einen aggressiven Mensch zu beruhigen. Es werden verschiedene Handlungsmöglichkeiten durchgespielt und die besten gesammelt.

> Aktives Zuhören bedeutet,
> - dass man dem Gesprächspartner Interesse und Aufmerksamkeit entgegenbringt,
> - dass man sich in Stimmung und Lage des Gesprächspartners hineinversetzt,
> - dass man das Gesagte annimmt, aber nicht interpretiert oder kritisiert.

Ablauf:
Der Anleitende spielt einen aufgebrachten Menschen, er schimpft und beleidigt auf Grund einer ausgedachten Situation. Mit auf der Bühne stehen zwei freiwillige Teilnehmende. Sie versuchen durch Körperhaltung und Sprache, ihn zu beruhigen. Mit einem „Stopp" beendet der Anleitende das Rollenspiel.

Auswertung:
Anschließend werden die Handlungen mit der Gruppe diskutiert und auf einem Plakat festgehalten. Danach probieren sich die nächsten Teilnehmenden aus, der Anleitende bleibt in seiner Rolle. So werden einige Runden durchgespielt. Zum Abschluss werden alle Handlungsalternativen vorgelesen und es wird sich auf die drei besten geeinigt.

Tipps für die Anleitenden:
Üben Sie im Vorfeld Ihre Rolle ein. Eine wütende Person zu spielen und dabei auf weitere Personen zu achten, ist nicht leicht.

Licht in den Tunnel

Zeit:
30 Minuten

Kurzbeschreibung:
Die Teilnehmenden verabreden sich dazu, bei einem gehörten Stichwort oder einer gesehenen Geste im aufgebrachten Streitgespräch sehr langsam dreimal tief durchzuatmen. In einem Rollenspiel (Streit um die Nutzung eines Bolzplatzes) wird dieses Vorgehen eingeübt. Dies kann in der Realität von guten Bekannten genutzt werden, um sich durch eine solche Verabredung im Streitfall untereinander oder gegenüber anderen zu schützen.

Ablauf:
Es finden sich Paare nach Sympathie. Im Paargespräch einigen sich die beiden auf ein Zeichen oder Wort, das der Partner einsetzt, damit sie in einem wütenden Streitgespräch innehalten. Das bedeutet, dass sie beim Bemerken ihres Zeichens sehr langsam dreimal tief durchatmen. Die Gruppe wird in zwei Mannschaften aufgeteilt, die sich verbal um die Nutzung eines Bolzplatzes streiten (Wer war zuerst da? Wer öfter? ...). Die Anleitenden geben den Startschuss, die Mitglieder der gegnerischen Mannschaften fangen an, sich zu streiten, und durchlaufen langsam die Eskalationsstufen. Nach 2–3 Minuten zeigen die Anleitenden an, dass ab nun die verabredeten Gesten oder Worte der Beruhigung eingesetzt werden dürfen. Wann genau, entscheidet jeder für sich. Die Anleitenden beenden das Rollenspiel mit einem „Stopp".

Auswertung:
Folgende Fragen sollen beantwortet und begründet werden:
- *Wer wurde zu früh beruhigt?*
- *Wer wurde zu spät beruhigt?*
- *Wer wurde genau richtig beruhigt?*
- *Wer wünscht sich, diese Verabredung mit in den Alltag zu nehmen?*

Tipps für die Anleitenden:
Wenn die Gruppe etwas träge ist mit dem Ausfüllen der gespielten Rollen, können Stichpunkte bzw. kleine Rollenanweisungen in die Gruppe gegeben werden. Z.B.: *Ihr wollt beide unbedingt den Bolzplatz nach der Schule benutzen, vor allem das eine Gerät/das eine Fußballtor ...* (was auch immer für diese Jugendlichengruppe gerade interessant und realistisch ist). *Da taucht immer wieder dieser nervige Fremde auf ...*

Für eine Schulklasse oder Jugendgruppe bietet es sich, wenn gewünscht, an, die Verabredungen beizubehalten. Wichtig ist aber, zu betonen, dass die verabredeten Gesten oder Worte nur im Ernstfall eingesetzt werden dürfen, weil sie sonst wertlos werden.

Vorurteile und Urteile

Vorurteile und Urteile

Ich sitze in der Bahn und sehe eine kopftuchtragende, türkische Frau, die einsteigen möchte. Sie muss einige Schritte hinter ihrem Mann den Bahnsteig entlanggehen, nach ihm in die Bahn steigen und sich alleine um die drei quengelnden Kinder kümmern.

Mit dem geschilderten Beispiel in der Bahn entstehen bei jedem Menschen Bilder im Kopf. Die Bilder sind gelenkt von **Vorurteilen**, die jeder Mensch gegenüber Eigenschaften und Charakteristika von Menschen und Gruppen gespeichert hat – ob Männer, Frauen, Deutsche, Türken, Senioren, Jugendliche, Hamburger, Bayern, Fußballfans, Technofans, Lehrkräfte, Sozialpädagogen, Kopftuchträger, Raucher, Arbeitslose, Vorstadtbewohner, Anzugträger, Studenten oder eine andere der unendlich vielen Gruppen, die es gibt. Diese Bilder in unserem Kopf werden durch verschiedenste Einflüsse im Laufe unseres Lebens ausgeprägt[56]: persönliche Erlebnisse, Erziehung, mediale Beeinflussung durch Film, Fernsehen, Bücher, Zeitungen und Internet, Übername von Vorbildern oder Freunden …
Ein Vorurteil bildet sich dann, wenn einem Individuum aus einer Gruppe (objektiv Teil dieser Gruppe oder vom Zuschreibenden dieser Gruppe zugeordnet) ein (vermeintliches) Gruppenmerkmal zugeschrieben wird.

> Ach, der ist arbeitslos? Na – das kommt ja nicht von ungefähr …

Das Tückische an Vorurteilen ist, dass sie manchmal bestätigt werden, was die Vorurteile bestärkt. Wird ein Vorurteil nicht bestätigt, neigen wir oft dazu, die Situation oder das Individuum als Ausnahme zu sehen, anstatt das Vorurteil zu hinterfragen.
Schon im frühkindlichen Alter haben Kinder oft klare Bilder im Kopf darüber, was richtig oder falsch ist. Nehmen wir als Beispiel einen Kindergarten, in dem die dreijährigen Kinder ein klares Bild im Kopf haben davon, wie eine Prinzessin auszusehen hat und wer sie demnach beim Theaterstück spielen soll.[57] Die meisten Kinder auf der Welt werden sich darüber einig sein, dass die Prinzessin schlank, langhaarig, ohne Brille,

ohne Gehbehinderung, evtl. mit weißer Hautfarbe sein soll. Auch wenn dies fast schon als globales Phänomen betrachtet werden kann, ist es kein Zeugnis von universellen, angeborenen Bildern im Kopf, sondern von global vermittelten Bildern durch Medien und Erziehung.

Man kann argumentieren, dass diese Tatsache nicht vorwiegend negativ ist, sondern dass die Menschen Bilder im Kopf brauchen, um in unserer komplexen Welt zurechtzukommen. Vorurteile können **Sicherheit, Orientierung, Identifikation und die Möglichkeit zum schnellen Handeln** bieten. In Vorurteilen verbirgt sich aber auch die Gefahr der **Diskriminierung**, wenn (unreflektiert) nach ihnen gehandelt wird. Dies kann auf drei Ebenen zu erheblichen Nachteilen führen:

- Für die betroffene, vorverurteilte Person ist es nachteilig, weil sie direkte oder indirekte zwischenmenschliche Diskriminierung erfährt.
- Die ausführende, vorverurteilende Person schränkt sich in den eigenen Möglichkeiten der Horizonterweiterung ein, weil sie zwischenmenschlichen Kontakt oder Veränderungsmöglichkeiten verhindert.
- Die Reaktion der vorverurteilenden Person kann die erwartete Handlung herbeiführen. So besteht die Gefahr einer Eskalation, die ansonsten gar nicht stattgefunden hätte – wie eine Vorhersage, die sich selbst erfüllt.

Anhand der *KV Kulturpyramide*[58] (S. 101) kann anschaulich analysiert werden, dass es Merkmale und Charakteristika gibt, die in jeder Gruppe bzw. Kultur vorhanden sind.[59] Zunächst müssen alle ihre Grundbedürfnisse stillen. Darüber liegt die Ebene der kulturellen Gemeinsamkeiten, z.B. ist die deutsche Kultur von Pünktlichkeit geprägt, die Fußballfankultur in westlichen Ländern vom Alkoholgenuss, die Seniorenkultur von Frühaufstehern und die Frauenkultur von emotionalen Kommunikationsformen. Als grundlegend ist zu erkennen, dass

- jeder Mensch eine individuelle Ebene hat, die über der kulturellen liegt. Er wird also zwar von der Kultur beeinflusst, kann sich jedoch selbstbestimmt anders verhalten.
- jeder Mensch aus einer Vielzahl von Kulturen besteht (beispielsweise eben der westlichen, der deutschen, der Fußball- oder Seniorenkultur ...). Man wird niemals nur von einer Kultur geprägt.

Als Beispiel: Wenn ich als Frau einen Mann treffe, so sollte mir bewusst sein, dass dieser Mann nicht nur der Männerkultur angehört und „wie alle anderen" schrecklich unsensibel ist. Er ist auch von anderen Merkmalen geprägt und z.B. beeinflusst von der Kultur der Verheirateten, der Kultur der Radfahrer, der Lehrer, der Hamburger, der Nichtraucher und der Hundebesitzer. Jede dieser Kulturen hat Gruppenmerkmale, die dominant sind. Das Individuum ist also von all diesen Merkmalen beeinflusst und hat sich entweder bewusst oder unbewusst dahingehend entwickelt. Die Chance, einen unsensiblen Mann mit allen weiteren Merkmalen der Männerkultur zu treffen, ist groß – doch genauso groß ist die Möglichkeit, dass andere Merkmale zutreffend und wichtiger sind.

Vorurteile in der Zivilcourage – Eine Situation fälschlich als Notsituation interpretieren

Nun zu der Frage, warum das Verstehen und die Bewusstwerdung von Vorurteilen so wichtig für Zivilcourage ist. Betrachten wir die *I Schritte des zivilcouragierten Handelns*[60] (S. 53), so betrifft das vor allem den zweiten Schritt, die **Beurteilung von Situationen**. Vorurteile sind in zweierlei Hinsicht eine Herausforderung für das Erkennen von Notsituationen in der Zivilcourage:

Vorurteile und Urteile Info

1. Eine akzeptable Situation kann **fälschlicherweise als Notsituation** interpretiert werden. Unangebrachtes oder sogar diskriminierendes Handeln können die Folge sein.
2. Eine **Notsituation als solche nicht zu erkennen**, weil die Situation als angemessen oder normal empfunden wird, kann daraus resultieren, dass die hinter dieser Einschätzung stehenden Vorurteile nicht bewusst gemacht oder hinterfragt wurden.

Für Zivilcourage ist es also essenziell, sich der eigenen Vorurteile bewusst zu werden, damit ich in beobachteten Situationen nicht überreagiere. Meine eigenen Ängste, Erfahrungen, Werte und Vorurteile werden mich besonders in Stresssituationen stark beeinflussen. Ich versuche, Fehlinterpretationen meinerseits zu verringern, indem ich mir meiner eigenen Vorurteile bewusst werde, wie auch der Tatsache, dass jeder Mensch andere Bilder im Kopf hat, also andere Wahrheiten auf Grund der eigenen inneren Vorgeschichte.

Das Beispiel

Ich sitze in der Bahn und sehe eine kopftuchtragende, türkische Frau, die einsteigen möchte. Sie muss einige Schritte hinter ihrem Mann den Bahnsteig entlanggehen, nach ihm in die Bahn steigen und sich alleine um die drei quengelnden Kinder kümmern.
Mein Ungerechtigkeitsempfinden wird auf heftige Weise ausgelöst. Ich spüre Mitleid mit der Frau, und zusätzlich werde ich wütend, weil unsere demokratischen Werte der Gleichbehandlung wie auch der unantastbaren Würde des Menschen hier offensichtlich mit Füßen getreten werden. Ich möchte zivilcouragiert handeln und dem Mann meine Meinung sagen.

Das ist ja echt das Letzte – die arme Frau ...

Wenn wir diese Situation reflektierter sehen, hinterfragen wir die Bilder im eigenen Kopf, und folgende Fragen stellen sich:

- Wieso denke ich, dass es eine türkische Frau und Familie ist?
- Wieso interpretiere ich das Hintereinandergehen sofort als Erniedrigung und Zeichen von Unterdrückung?
- Würde ich die Situation genauso interpretieren, wenn das Paar deutsch aussehen würde?
- Was ist das überhaupt – deutsch aussehen?
- Wenn ich die Situation bei einem deutschen Ehepaar genauso interpretiert hätte, würde ich trotzdem eingreifen wollen und es auch tun?

Vorurteile in der Zivilcourage – Eine Notsituation nicht erkennen

Eine zweite Gefahr bei fehlender Reflektion von eigenen Vorurteilen oder denen anderer besteht darin, eine Notsituation als solche nicht zu erkennen, weil die Situation als angemessen oder normal empfunden wird. Werden die hinter der Situation stehenden Vorurteile nicht bewusst hinterfragt, so wird eventuell eine Notsituation nicht wahrgenommen.
Auf der folgenden Seite einige Beispiele für Notsituationen, in denen auf Grund von Vorurteilen nicht mit Zivilcourage reagiert wurde:

- *Alle wissen, dass Carsten aus der Klasse 8c immer zu spät kommt, nie seine Hausaufgaben ordentlich macht und insgesamt die Schule einfach nicht ernst nimmt. Gestern ist er wieder fünf Minuten zu spät in den Unterricht gekommen. Sandra kam gleichzeitig mit ihm, aber ihr passiert das sonst nie. Als sie gemeinsam eintreffen, wird Carsten lautstark von der Klassenlehrkraft vor der ganzen Klasse ermahnt und bekommt eine Strafaufgabe. Sandra dagegen wird nicht erwähnt und kann sich ruhig setzen.*

> Das ist doch wirklich immer das Gleiche mit dir ...

- *Einige Jugendliche aus der Oberstufe sollen mit der fünften Klasse einen Lesetag vorbereiten. Es wird den Oberstufenlehrkräften nahegelegt, dass nur Ambitionierte ohne Migrationshintergrund aktiv mit den Grundschülern arbeiten sollten. Dies soll gewährleisten, dass Sprachfehler nicht an die Jüngeren vermittelt werden.*
- *Sozial engagierte, linksliberale Ärzte stellen in ihrer Praxis keine Auszubildende mit Kopftuch ein. Die 60-jährige Praxisleiterin ist davon überzeugt, dass ein Kopftuch das Symbol für die Unterdrückung der Frauen ist, und will das nicht unterstützen. Deswegen bekommt eine 18-jährige, gebildete, charmante und zuverlässige Frau keinen Ausbildungsplatz.*

Urteile

Wie alle genannten Beispiele zeigen, **verlangt zivilcouragiertes Handeln das Fällen eines persönlichen Urteils**. Man bemerkt eine Situation und muss vielleicht blitzschnell beurteilen, ob es sich um eine Notsituation handelt. Wir müssen urteilen, um eine Entscheidung zu treffen, in diesem Fall: „Soll ich eingreifen oder nicht?" Mein Urteil hat viel mit meinen Werten zu tun[61]. Es ist sehr schwierig, eine Balance zu finden, einerseits die eigenen Werte und Urteile zu vertreten, andererseits gleichzeitig nicht die der anderen einzuschränken. Oft ist es in solch widersprüchlichen Situationen so, dass alle Beteiligten davon überzeugt sind, gerecht und richtig zu handeln. Es besteht eine sehr große Herausforderung darin, einerseits Toleranz für nicht eindeutige Situationen, Meinungen, Urteile und Werte zu entwickeln. Denn andererseits müssen wir Grenzen festlegen, um einzugreifen, etwas zu verändern oder ein Urteil zu fällen.

Wichtig bei der Beurteilung ist, dass das Urteil stets **die Handlung eines Menschen** betreffen sollte und nicht den Menschen selbst. Das Urteil über die Tat, nicht der beurteilte Mensch gibt uns die Chance auf Weiterentwicklung und Veränderung. Unsere Aufgabe ist es also – insbesondere als pädagogische Vorbilder –, **uns bei unseren Urteilen nicht von unseren Vorurteilen leiten zu lassen**, uns also selbst zu hinterfragen. Ziel muss sein, in Akutsituationen einen Schritt zurückzutreten und zu überlegen, wie die Situation wirklich ist. Erstrebenswert ist es, die Beobachtung von der Interpretation zu trennen und sich darüber bewusst zu werden, dass es auch eine andere Wahrheit als die eigene geben kann.

Lehrkräfte, Sozialpädagogen, Eltern und Trainerteams können bewusst Lern- und Lebensatmosphären schaffen, in denen Vorurteile abgebaut

Vorurteile und Urteile

werden bzw. gar nicht erst entstehen. **Zur Prävention von Vorurteilen sollte besonders viel gearbeitet werden.** Je länger Vorurteile unreflektiert wachsen können, desto schwieriger ist es, sie aktiv anzugehen.

- Ein wertschätzender Umgang mit Unterschieden,
- das Finden von Gemeinsamkeiten trotz vieler Unterschiede,
- das Besondere des Einzigartigen

sind drei Fokusse, welche von den Erwachsenen an Kinder und Jugendliche weitergegeben werden sollten. Dazu ist es sehr empfehlenswert, die Anleitung lauten zu lassen, die eigenen Vorurteile zu reflektieren. Je früher Kinder und Jugendliche ihre eigenen Vorurteile bewusst reflektieren können, desto höher ist das Entwicklungspotenzial ihrer Sozialkompetenzen und ihrer konstruktiven Urteile und Handlungsweisen in Konflikt- und Notsituationen.

Der Denker

Zeit:
15 Minuten

Kurzbeschreibung:
Diese Übung ist ein kurzer, sensibilisierender Einstieg zum Thema Vorurteile. Der Fokus liegt auf der Beobachtung versus der Bewertung. Den Teilnehmenden wird der Unterschied zwischen der subjektiven und objektiven Beobachtung deutlich, indem sie die Mimik und Gestik der Seminarleitung beschreiben sollen.

Ablauf:
Der Anleitende stellt den Teilnehmenden die Aufgabe, auf einem Plakat zu notieren, was sie sehen können. Dann setzt er sich auf einen Stuhl und mimt einen nachdenklichen Menschen. Ein bis zwei Minuten lang wechselt er Gestik und Mimik, mal wird laut geseufzt, mal werden die Beine übereinandergeschlagen, mal nach oben zur Decke geschaut, wieder zum Boden, mal werden die Finger ineinander verdreht etc. Alle Bewegungen und Gesichtsausdrücke sind langsam und nachdenklich. Währenddessen schreiben die Teilnehmenden auf, was sie sehen. Nach dem ersten Teil der Auswertung folgt eine kurze Wiederholung der Vorführung des „Denkers", um danach die endgültige Auswertung vorzunehmen.

Variante:
Kombinierbar mit:
▪ Übung **M** *Die Insel Albatros* (S. 93) zum Einstieg.

Auswertung:
Der Anleitende liest das von den Teilnehmern Geschriebene vor und markiert alle Beschreibungen darin. Die Interpretationen werden nicht markiert. Danach wird darauf aufmerksam gemacht, welche der genannten Eigenschaften nicht gesehen werden konnten, sondern einzig unterschiedliche Interpretationen sind. Mit diesem Hinweis wird erneut die Mimik und Gestik des „Denkers" vorgeführt und gefragt, was die Teilnehmenden sehen können. Mit etwas Unterstützung kommen nun tatsächlich sichtbare Fakten, z.B.: „Eine Frau mit langen roten Haaren, die auf einem Stuhl sitzt. Sie kreuzt die Beine übereinander, schaut zur Decke, verschränkt ihre Arme etc."

Nun folgt die endgültige Auswertung zum Unterschied zwischen Beobachtung und Bewertung. Es wird reflektiert, dass jeder Mensch Situationen, Mimik, Gestik unterschiedlich interpretiert und dass oft ein Unterschied zu dem besteht, was die beobachtende Person tatsächlich ausdrückt oder eine Situation tatsächlich bedeutet. Aus diesem Grund ist es wichtig, darauf zu achten, dass man subjektive Wahrnehmung von beobachtbaren Fakten trennt. Auch wenn dies nie komplett gelingen kann, ist das Bewusstsein hierüber sehr wichtig und kann gut zur Reflektion von vielen alltäglichen Situationen genutzt werden.

Tipps für die Anleitenden:
▪ Die Überschrift dieser Übung, „Der Denker", kann zur Auswertung als „Aha-Effekt" benannt werden.
▪ Je nachdem, wie viele Übungen zur Sensibilisierung für Vorurteile mit der Gruppe gemacht werden, sollte die Auswertung dieser Übung nicht zu lang ausfallen.

Vorurteile und Urteile

Methode

Die Insel Albatros[62]

Zeit:
30 Minuten

Kurzbeschreibung:
In dieser Übung werden anschaulich Vorurteile und subjektive Wahrnehmungen verdeutlicht. Die Anleitenden spielen im Rollenspiel einen Mann und eine Frau von der Insel Albatros vor. Sie begrüßen die Teilnehmenden auf ihrer Insel, zeigen ihnen, wie sie essen und wie sie ein Energieaufnahme-Ritual durchführen. Die Teilnehmenden sollen in der Auswertung zunächst ihre Beobachtungen und danach ihre Interpretationen schildern. Am Schluss werden Informationen zur tatsächlichen *KV Kultur der Menschen aus Albatros* (S. 94) vorgelesen oder verteilt.

Ablauf:
Das Team der Anleitenden spielt einen Mann und eine Frau der Insel Albatros. Diese Rollen werden durch Kleidung oder Zeichen gekennzeichnet.

1) Der Mann geht einige Schritte vor der Frau. Beide haben sehr ehrfürchtig die Hände gefaltet. Zur Begrüßung gehen sie langsam im Kreis an allen Teilnehmenden vorbei und verbeugen sich vor jedem Einzelnen. Die Frau verbeugt sich stets tiefer als der Mann. Die Frau stellt, wenn sie bei Teilnehmenden übereinandergeschlagene Beine sieht, diese vorsichtig gerade auf den Boden. Der Mann tut dies nur bei Männern. Hat jemand besonders große Füße, summen sie kurz.

2) Sind sie einmal bedächtig im Kreis herumgegangen, setzen sie sich. Der Mann auf einen Stuhl, die Frau auf den Boden an seiner Seite. Sie gibt ihm Erdnüsse, die er zuerst kostet und ihr danach zum Essen reicht.

3) Anschließend legt der Mann der Frau die Hand in den Nacken. Sie verbeugt sich drei Mal bedächtig mit der Stirn bis zum Boden.

4) Dann verbeugen sich beide erneut vor jedem, die Frau stets tiefer als der Mann. Sie verlassen den Raum und kommen ohne die Verkleidung zurück ins Plenum.

Auswertung:
Die Teilnehmenden werden zunächst gefragt, was sie beobachtet und gesehen haben. Die Anleitenden sollten bei den Antworten strikt darauf achten, dass in der ersten Auswertungsrunde reine Beobachtungen und noch keine Interpretationen genannt werden und ggf. korrigieren bzw. darauf hinweisen. Alle vier Schritte des Rollenspiels (Begrüßung, Essen, Ritual, Abschied) sollen genau beschrieben werden. Als zweiter Auswertungsschritt wird nach den Interpretationen gefragt. Hier berichtet die Gruppe, was das Gesehene für sie bedeutet hat. Anschließend wird die Auflösung über die Kultur der Albatros-Bewohner vorgelesen. Als Letztes kann besprochen werden, wie es zu den Interpretationen kam.

Variante:
Die Gruppe kann vor der Auflösung gefragt werden, ob sie gerne die Insel Albatros besuchen oder dort gern leben würden.

Tipps für die Anleitenden:
Ein gern genutzter Begriff bei der Auswertung ist der der „kulturellen" oder „ethnozentrischen Brille", durch die Situationen gesehen und beurteilt werden.

Die Kultur der Menschen auf Albatros[63]

Die Menschen auf Albatros sind ein sehr friedliches Volk. Wenn sie zufrieden sind, summen sie ruhig vor sich hin, sind sie jedoch zornig, zischen sie laut. Dies kommt selten vor. Die Göttin der Erde ist die höchste Gottheit auf Albatros. Sie wird sehr verehrt und geachtet. Die Albatros-Bewohner suchen deshalb den Kontakt zur Erde, und große Füße zu haben, ist ein angeborenes Privileg. Menschen mit großen Füßen genießen besondere Ehrerbietungen, weil sie besonders viel Kontakt zur Erdgottheit herstellen können. Alles, was mit der Erde zu tun hat, besitzt einen hohen Stellenwert bei den Albatros-Bewohnern. Lieblingsspeise und Ritualnahrungsmittel in dieser Kultur sind deshalb Erdnüsse. Die Einheimischen achten darauf, dass Gäste möglichst viel Kontakt zur Erde haben, um möglichst viel Erdenergie aufnehmen zu können. So ist es zum Beispiel wichtig, dass beim Sitzen beide Füße auf dem Boden stehen und die Beine nicht übereinandergeschlagen werden.[62]

Frauen genießen ein besonders hohes Ansehen auf der Insel Albatros, weil sie Leben gebären wie die Mutter Erde. Sie haben deshalb besondere Privilegien:

- Um sie vor Gefahren zu schützen, müssen die Männer immer einige Schritte vor ihnen hergehen.
- Die Männer haben die Pflicht, alle Speisen vorzukosten, bevor die Frauen davon kosten.
- Die Frauen stehen der Erdgöttin näher als die Männer. Deswegen haben sie das Recht, auf dem Boden zu sitzen, während die Männer auf Stühlen sitzen müssen.
- Nur über ein Ritual ist es Männern erlaubt, näheren Kontakt mit der Gottheit der Erde aufzunehmen. Wenn eine Frau neben ihnen am Boden sitzt, dürfen sie ihr die Hand in den Nacken legen, während sie durch das Berühren der Erde mit der Stirn die kosmische Energie aufnimmt. Ein Teil der Energie fließt dann über die Hand des Mannes auf ihn selbst über. Dieses Ritual wird als besondere Ehre betrachtet.
- Abgesehen von diesem Ritual ist es den Albatros-Männern nicht gestattet, Frauen ohne deren vorherige Erlaubnis zu berühren.

Vorurteile und Urteile — Methode

Nutzen und Gefahren von Vorurteilen

Zeit:
30 Minuten

Kurzbeschreibung:
In dieser Übung bewerten die Jugendlichen das Phänomen „Vorurteile". Einerseits erkennen sie den Nutzen von Vorurteilen, andererseits werden die eindeutigen Gefahren sichtbar.

Ablauf:
Zunächst wird im Plenum kurz erörtert, woher Vorurteile kommen. Wir sind nicht mit ihnen geboren, sondern erlernen sie durch verschiedene Umstände und Kanäle (siehe *I* S. 87 ff.). Nach dieser Klärung im Plenum wird die Gruppe geteilt. Eine Hälfte sammelt auf einem Flipchart, worin der Nutzen von Vorurteilen bestehen könnte und warum Menschen in bestimmten Situationen im positiven Sinne Gebrauch davon machen können. Die andere Hälfte trägt zusammen, worin die Gefahren von Vorurteilen bestehen, warum und wann sie für wen schädlich sind. Für beide Gruppen ist sehr gut, wenn sie sich konkrete Situationen und Beispiele für ihre Ergebnisse überlegen. Im Plenum werden die Ergebnisse der beiden Gruppen vorgestellt und ggf. von den anderen ergänzt.

Auswertung:
Als Erstes wird die positive Seite von Vorurteilen im Plenum präsentiert, diskutiert und ggf. ergänzt. Es soll deutlich werden, dass jeder Mensch Vorurteile hat und dass Vorurteile in bestimmten Situationen einen Nutzen haben. Dieser kann z.B. darin bestehen, dass man schnelle Entscheidungen treffen, sich selbst schützen oder Ordnung in eine Reizüberflutung bringen kann und sich nicht auf neue Situationen einstellen muss. Im Anschluss werden die Ergebnisse der „Gefahren-Gruppe" präsentiert. Hierbei sollten die Gefahren und Nachteile für die unterschiedlichen Akteure beachtet werden. Oft wird nur auf die Diskriminierung gegenüber den Vorverurteilten hingewiesen. Bei der Auswertung sollte auch genannt werden, welche Möglichkeiten sich der Mensch mit Vorurteilen verbaut, indem er sich selbst daran hindert, Kontakt aufzunehmen und seinen Horizont zu erweitern.

Variante:
▌ Wenn die Gruppe sehr reflektiert ist, kann bei der Auswertung der Vorteile von Vorurteilen die Frage diskutiert werden, ob jeder dieser Nutzen in sich auch eine Gefahr darstellt.
▌ Einige der konkreten Beispiele können im Plenum als Rollenspiel angespielt werden, um den möglichen Einsatz von Zivilcourage zu üben.

Tipps für die Anleitenden:
▌ Manche Gruppen finden es schwer, positive Seiten/Nutzen von Vorurteilen zu nennen. Haken Sie in den Kleingruppen nach, und leisten Sie ggf. Unterstützung.
▌ Für die folgenden Übungen und für die Selbstreflektion ist wichtig, dass das Vorhandensein von Vorurteilen nicht stigmatisiert, sondern nur hinterfragt wird.

Eigene Vorurteile

Zeit:
30 Minuten

Kurzbeschreibung:
Nach einer kurzen Einführung und Besinnung tauschen sich die Teilnehmenden in Kleingruppen konkret über ihre eigenen Vorurteile aus. Zusätzlich reflektieren sie, wo diese ihren Ursprung haben.

Ablauf:
Jeder bekommt 5–10 Minuten Zeit, um sich eigene Vorurteile konkret ins Gedächtnis zu rufen und dazu Notizen zu machen. Jeder Teilnehmende soll sich anhand von konkreten Beispielen drei eigener Vorurteile bewusst werden. Die Fragen zu KV *Meine Vorurteile* (S. 97) sollen beantwortet werden.

Auswertung:
Der Hauptteil der Auswertung geschieht in den Kleingruppen. Hier erzählt jeder Teilnehmende den anderen **1)** von den konkreten Situationen, **2)** von den Vorurteilen und **3)** von den vermuteten Hintergründen. Für alle ist transparent, dass die konkreten Beispiele nicht im Plenum diskutiert werden. Wichtig ist der Hinweis, dass respektvoll mit den erzählten Beispielen umgegangen werden soll und dass jeder selbst entscheidet, welches Beispiel man den anderen mitteilt.
Im Großplenum tauschen sich die Teilnehmenden nur darüber aus, wie die Arbeit in den Kleingruppen war. Ob es schwer oder leicht für Einzelne war, konkrete Beispiele zu finden; ob den Teilnehmenden schon in den jeweiligen Situationen bewusst war, dass es sich um ein Vorurteil handelt, oder ob sie es erst durch das Training gemerkt haben; ob es schwer oder leicht war, den Ursprung des jeweiligen Vorurteils zu reflektieren.

Variante:
Ist die Gruppe sehr jung oder hat sie kein gutes Vertrauensverhältnis, kann sie auch geteilt werden und mit jeweils einem Anleitenden die Beispiele sammeln und reflektieren. Hier kann die Anleitung zunächst viele Beispiele im Plenum sammeln, sodass klar wird, dass jeder Mensch Vorurteile hat und jeder Mensch auch schon Vorurteilen ausgesetzt war.

Tipps für die Anleitenden:
- Sehr hilfreich ist es, wenn die Anleitenden selbst im Plenum jeweils ein eigenes Vorurteil nach diesem Dreischritt erzählen. Dies lockert die Atmosphäre auf und hebt die Tabuisierung auf.
- Beachten Sie die Gruppenkonstellation (I S. 29 f.), und prüfen Sie, ob selbstgewählte Gruppen hier am geeignetsten sind.
- Die Größe der Kleingruppen liegt idealerweise bei 3–5 Personen.
- Oft wird in den Kleingruppen viel gelacht. Dies sollte die Anleitung nicht schockieren. Man kann sich ggf. vergewissern, dass nicht inakzeptabel über eine Gruppe gesprochen wird, jedoch ist der unbeschwerte, reflektierte Umgang mit eigenen Vorurteilen ein wichtiger Teil des Prozesses.

Vorurteile und Urteile

Meine Vorurteile

Nimm dir etwas Zeit, um dich an konkrete Situationen zu erinnern, in denen du Vorurteile gegenüber anderen Menschen hattest. Versuche, dich an drei konkrete Beispiele zu erinnern. Beantworte zu jeder Situation bitte die folgenden Fragen:

1. In welcher konkreten Situation war ich?

2. Was war das konkrete Vorurteil, welches ich hatte?

3. Woher könnte dieses Vorurteil bei mir kommen?

Wenn du drei Beispiele nach diesem Schema aufgeschrieben hast, tausche dich dazu mit deiner Kleingruppe aus.

Gruppenzugehörigkeiten

Zeit:
30 Minuten

Kurzbeschreibung:
Es werden alle Gruppen gesammelt, welchen sich die Teilnehmenden zugehörig fühlen. Dies lockert starre Konstellationen innerhalb der Großgruppe auf und zeigt unerwartete Gemeinsamkeiten. Zusätzlich reflektieren die Einzelnen darüber, welche Zugehörigkeiten für sie am wichtigsten sind.

Ablauf:
Im Plenum wird eine Sammlung durchgeführt zu der Frage: *Welchen Gruppen fühle ich mich zugehörig?* Diese Sammlung kann unterstützt werden durch Nachfragen wie: *Welche Eigenschaften, Hobbys, Interessen verbinden mich mit Menschen, die ich nicht kenne? Wenn ich im Ausland niemanden kennen würde, auf Grund von welcher Gruppenzugehörigkeit würde ich mich mit anderen, fremden Menschen verbunden fühlen?* Achten Sie darauf, dass eine vielfältige Sammlung entsteht, dass sowohl tendenziell wichtige wie auch unwichtige Gruppen (z.B. Spagetti-Esser) gesammelt werden. Wenn ein entsprechendes Repertoire vorhanden ist, zählt jeder für sich die Anzahl der Gruppen, denen man sich zugehörig fühlt. Die Anleitenden fragen ab, wie viele Gruppen jeder für sich gesammelt hat. Durch die Steigerung <1, <5, <10, <15 Gruppen etc. sollen alle Jugendlichen durch die Mitte des Stehkreises gehen, auf die es zutrifft (meistens mindestens 15–20 pro Person). Als Letztes sollte jeder Teilnehmende sich seine persönlichen drei wichtigsten, also identitätsbildenden Gruppenzugehörigkeiten heraussuchen.

Variante:
- Wenn die Sammlung schleppend vorangeht, sammeln Sie reihum. Alle sollen eine Gruppe nennen, die noch nicht aufgeschrieben wurde.
- Die Anleitenden sind auch Teil der Gruppe und können die Sammlung durch eigene Beiträge voranbringen.

Kombinierbar mit den Ergebnissen von
- *M Kulturpyramide* (S. 101).

Auswertung:
Meistens ist das Erstaunen groß, wie vielen Gruppen sich die Einzelnen zugehörig fühlen. Starre Konstellationen, z.B. in einer Klasse, werden aufgelockert, weil viel mehr Gruppen mit sehr unterschiedlichen Mitgliedern existieren. Zur Auswertung der wichtigsten drei Zugehörigkeiten ist es spannend, die unterschiedlichen Kategorien zu hören. Es soll deutlich werden: Wenn man auf Grund von Vorurteilen gegenüber genau solchen Gruppenzugehörigkeiten angefeindet wird, birgt das ein großes Konfliktpotenzial in sich. Dies kann das Zivilcourage-Verhalten aller Beteiligten stark beeinflussen. Oft ist uns nicht bewusst, welche Gruppenzugehörigkeit den anderen extrem wichtig ist, weil es andere Kategorien sind als unsere eigenen. Also können auch Notsituationen entstehen, die wir nicht als solche erkennen.

Tipps für die Anleitenden:
- Wichtig ist es, darauf zu achten, dass nicht nur immer dieselben viele tendenziell ungewöhnliche Gruppen nennen, da sonst diejenigen zu wenige Gruppenzugehörigkeiten für sich zählen können, die selbst nur vereinzelte im Plenum genannt haben.
- Diese Sammlung von Gruppenzugehörigkeiten kann sehr gut als Fundus für die folgenden Methoden verwendet werden, außerdem immer wieder für Beispiele, Rollenspiele etc.
- Oft werden die größten, globalen Gruppen vergessen: Männer und Frauen.

Vorurteile und Urteile

Jungs sind ..., Mädchen sind ...

Zeit:
40 Minuten

Kurzbeschreibung:
Es werden beispielhaft (vermeintliche) Charaktereigenschaften der jeweils anderen Gruppe gesammelt und im Plenum ausgetauscht. Danach erfolgt ein Zustimmungsbarometer über einzelne Charakteristika. So werden sowohl das Fremd- als auch das Selbstbild der Gruppen hinterfragt und starre Gruppen aufgelöst.

Ablauf:
Ggf. anschließen an
▌ *M Gruppenzugehörigkeiten* (S. 98).

Die Gruppen „Jungs" und „Mädchen" werden ausgewählt. Die Jungs sammeln in Kleingruppen auf Kärtchen Eigenschaften: „Mädchen sind ...", die Mädchen: „Jungs sind ...", jeweils eine Eigenschaft pro Karte. Danach präsentieren beide Gruppen ihre Sammlung.

Im nächsten Schritt wird ein Zustimmungsbarometer auf dem Boden dargestellt (in regelmäßigen Abständen werden mit Klebeband Zettel mit der Aufschrift „0%", „10%", „20%", ... 100%" (Zustimmung) befestigt. Beide Gruppen stellen sich nun nacheinander zu einzelnen Charakteristika auf: Wird beispielsweise eine Aussage über die Jungs vorgelesen, stellen sich zunächst die Mädchen auf der Skala auf den Grad der Zustimmung, den sie persönlich der Aussage ihrer Gruppe über Jungs erteilen. Danach stellen sich die Jungs zu der gleichen Eigenschaft über Jungs auf. Es werden Mini-Interviews mit Einzelnen geführt, die jeweils an unterschiedlichen Positionen auf der Skala stehen: Warum haben sie diese Position eingenommen? Dies wird zu einigen Beispielen aus beiden Gruppen durchgeführt. Danach erfolgt die Auswertung im Plenum.

Variante:
Die Übung kann auch gut mit anderen Gruppengegensätzen durchgeführt werden. Es sollten jedoch genügend Vertreter beider Gruppen vorhanden sein. Vorsicht bei der Gegenüberstellung von nationalen oder ethnischen Gruppen, dies sollte nur bei guten Sozialkompetenzen und Vertrauen innerhalb der Gruppe geschehen!

Auswertung:
Mitglieder innerhalb derselben Gruppe haben meist völlig unterschiedliche Ansichten über ihre eigene und die andere Gruppe. Die unterschiedlichen Begründungen für das Aufstellen im Barometer sind spannend: Einzelerlebnisse, Erziehung, Statistiken (Begründung: „Es ist einfach so!") etc.
Hier kann gut die *I Begriffserarbeitung* für *Vorurteile* angeschlossen werden (S. 87).
Oft ist es so, dass sich bestimmte Charaktermerkmale einer Gruppe herauskristallisieren, z.B. dass viele wirklich finden, dass Mädchen mehr über Probleme reden möchten als Jungs. Hierzu kann mit der *KV Kulturpyramide* gearbeitet werden (S. 101).

Tipps für die Anleitenden:
▌ Meist brauchen die Gruppen nur den kurzen Anstoß, ob es denn nicht auch irgendetwas Gutes an Jungs bzw. Mädchen gibt. Dann folgen sehr viele Beispiele.
▌ Regen Sie ggf. dazu an, nicht einzelne Eigenschaften bei der Sammlung zu diskutieren, sondern eher schnell und lustig zu sammeln. Die Gruppen müssen sich nicht über jede geschriebene Karte komplett einig sein.

Kulturpyramide

Zeit:
20 Minuten

Kurzbeschreibung:
Die Kulturpyramide ist essenziell, um Grundlegendes über Gruppenzugehörigkeiten und Gruppeneigenschaften zu verstehen.

Ablauf und Auswertung:
Stellen Sie das Modell der KV *Kulturpyramide* (S. 101) vor. Angefangen mit den universellen Bedürfnissen, werden die drei Ebenen von unten nach oben vorgestellt. Für jede Ebene werden Beispiele im Plenum gesammelt und in die untere Pyramide auf dem Arbeitsblatt eingetragen.
Es gibt laut diesem Modell klare Gruppeneigenschaften, die eine Gruppe oder Kultur hat (siehe auch S. 87). Bei der Vorstellung kann immer ein Pfeil nach oben eingezeichnet werden: Die universelle beeinflusst die kulturelle Ebene, und die kulturelle beeinflusst die individuelle Ebene. Zusätzlich sollten viele weitere Pfeile von der kulturellen zur individuellen Ebene eingezeichnet werden, da jeder Mensch so vielen verschiedenen Gruppen angehört. Alle Menschen werden bewusst oder unbewusst durch die Kulturen/Gruppen beeinflusst, denen sie angehören. Dennoch sind wir nicht fremdbestimmt, sondern können uns auch bewusst gegen Kultureigenschaften entscheiden.
Außerdem sollte ein Pfeil von der individuellen herunter zur kulturellen Ebene eingezeichnet werden. Kulturen sind nicht starr, sondern werden von Menschen gebildet und beeinflusst. Verändern sich die Teilnehmenden einer Kultur, so verändert sich auch die Kultur. Hierzu können Beispiele gesammelt werden, wie Kulturen sich mit der Zeit geändert haben.

Variante:
- Auf dem Arbeitsblatt kann jeder Teilnehmende für sich allgemeine Beispiele für die drei Ebenen in die untere Pyramide eintragen.
- Auf dem Arbeitsblatt kann jeder seine eigene Kulturpyramide erstellen und diese mit seinem Namen beschriften. Nach folgendem Prinzip kann er vorgehen:
Welche Grundbedürfnisse habe ich?
Welche verschiedenen Kulturen/Gruppen habe ich in mir?
Welche individuellen Eigenschaften habe ich?

Kann angeschlossen werden an die Ergebnisse von
- M *Gruppenzugehörigkeiten* (S. 98).

Vorurteile und Urteile | Kopiervorlage

Kulturpyramide[64]

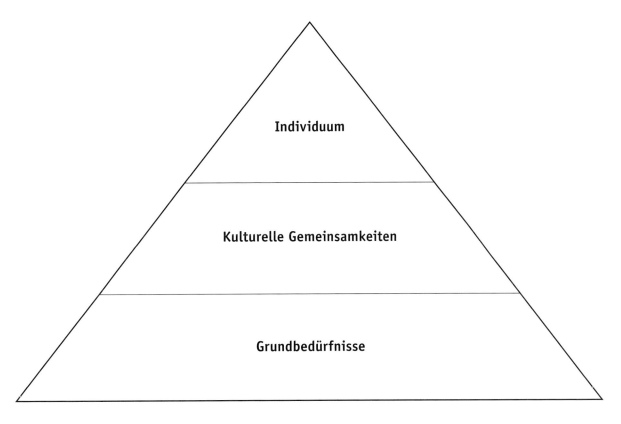

- Individuum
- Kulturelle Gemeinsamkeiten
- Grundbedürfnisse

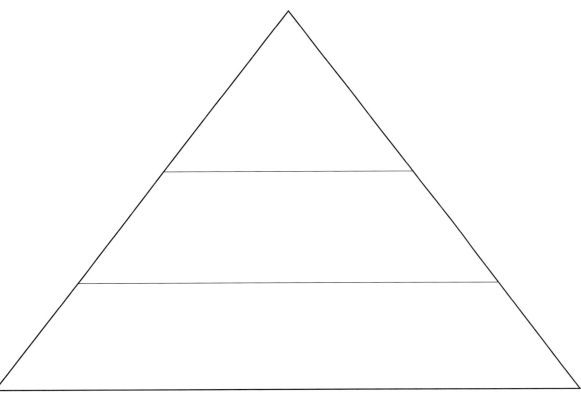

Werte und Rechte

Was ist die Welt schon wert?

Zur Bedeutung von Werten und der Entwicklung eines Sinns für Gerechtigkeit ...
„Mein bester Freund kommt aus Afghanistan. Ich bin mit ihm aufgewachsen. Nun soll er abgeschoben werden und in ein Land zurückkehren, das er nicht kennt. Ist er weniger wert als ich? Hat er nicht die gleichen Rechte, in dem Land zu wohnen, welches er als Heimat bezeichnet?"
Auf die Frage an Seminarteilnehmende, wie sie zur Abschiebungspolitik afghanischer Familien stehen, bekamen wir Antworten wie: „Das geht doch einfach nicht! Das ist doch gemein, die Kinder sind doch hier geboren und kennen Afghanistan überhaupt nicht! Stell dir vor, du müsstest all deine Freunde verlassen! Politiker sind doch alle dumm, wenn sie das nicht schnallen!", oder aber: „Ist doch klar, dass hier nicht alle einfach bleiben können, dann wohnen sie nachher alle in Deutschland, wie soll das denn gehen?" Hier gilt es, eine **differenzierte Betrachtung** der Argumente und Rechtfertigungen beider Seiten anzustellen. Es wird schnell deutlich, dass ein Dilemma zwischen unterschiedlichen Vorstellungen der Auslebung von Werten vorliegt und dass die Wichtigkeit von individuellen Freiheiten und dem Schutz der Gemeinschaft verschieden gewertet wird.

> Das ist doch total bescheuert!

Werte und Wertesysteme

Gesellschaftlich, aber auch kulturbedingt werden Werte und ganze Wertesysteme geteilt und definiert. Es gibt bestimmte Vorstellungen von Ehe, Freundschaft, Treue, Hilfsbereitschaft, Schönheit, Krankheit etc. Dabei sind diese Werte und Einstellungen schwer erklärbar. Deutlich wird das, wenn man jemandem Fragen wie diese stellt: „Warum ist das eigentlich so?", „Warum glaubst du an Gott?", „Warum findest du es verwerflich, in einer Ehe fremdzugehen?", oder: „Warum muss man verliebt sein, wenn man heiratet?". Diese Werte und „Basisregeln" werden im Laufe des Lebens unbewusst erlernt und sind daher sehr schlecht greifbar. Die Hintergründe für die eigenen Werte gilt es zu analysieren und über eine typische Antwort hinauszukommen.

Werte und Rechte

Das ist eben so!

Wertvorstellungen können aus der Erziehung, der Religion, gelebten gesellschaftlichen Vorstellungen, kulturellen Zusammenhängen, den Medien und vielem mehr entstehen. Werte werden geteilt, gemeinsam definiert und geben einen gesellschaftlichen Rahmen. Das Ausleben (die entsprechende Handlung) und die Hierarchisierung von Werten können jedoch sehr individuell ausfallen. Dies führt zu Konflikten und ständigen gesellschaftlichen Reibungen, denen es konstruktiv zu begegnen gilt.

Ergänzend zur Reflektion der Urteilsbildung (siehe auch *I* S. 90) ist es sinnvoll, zu betrachten, welche Werte und Wertvorstellungen bei den einzelnen Menschen eigentlich vorhanden sind. Was ist wichtig im Leben, und wie bewertet man bestimmte Handlungen und Situationen? Ich kann eine Notsituation nur interpretieren und schließlich auch helfend handeln, wenn mir bewusst wird, **warum** ich etwas gerade ungerecht finde, welche Bedürfnisse, welche Werte und welche Interessen bei mir gerade beeinträchtigt sind und welche Handlung gerade nicht zu meinen Werten passt.

Dilemmasituationen

In der Bildungsarbeit wird ein konstruktiver Umgang gefördert, um Dilemmasituationen wie dem oben genannten Beispiel in einer positiven Weise begegnen zu können.
Das Demokratieerziehungsprogramm „Betzavta"[65] des Adam-Instituts in Jerusalem basiert genau auf dieser Zwickmühlensituation. Das Programm ermöglicht die Stärkung im Umgang mit Freiheit und hat sich das Ziel der Anerkennung des **Rechtes jedes Einzelnen** gesetzt, nach **seinen Werten und Normen leben** und sich **frei entfalten** zu können. Da in modernen Gesellschaften viele Freiheiten verkraftet werden müssen, die zunehmende Individualisierung und Pluralität der Lebensformen auch eine gewisse Überforderung darstellt, hilft der geübte Umgang mit Dilemmata-Situationen sehr. Eine Positionierung zu unterschiedlichsten Themen wird da zu einer Herausforderung. Die Orientierung sind **demokratische Grundprinzipien, Menschenrechte und die eigenen Wertvorstellungen.**

Neben Diskussionen zur Abschiebungspolitik gibt es vielfältige Themen, bei denen die Auslebung individueller Freiheiten, z.B. durch den Schutz der Gemeinschaft, eingeschränkt wird. Wenn man im Kleinen anfängt, muss das Zusammenlernen in einer Gruppe wie in einer Klasse geregelt werden. Wir können nicht dazwischenreden, wann wir möchten. Wir können nicht kommen, wann wir wollen, und wir können nicht lernen, was wir möchten. Regelwerke und Gesetze strukturieren das gemeinsame Leben und beugen somit Konflikten vor – sie schränken das Individuum in der Auslebung der Rechte gegebenenfalls aber auch ein und führen zu anderen Konflikten, gerade wenn die Regelungen für ungerechtfertigt gehalten oder erst gar nicht verstanden werden. Wer schreibt die Regeln in einer Gruppe überhaupt vor? Wie können die unterschiedlichen Werte, Interessen und Bedürfnisse zusammengeführt werden? Es ist ratsam, in einer Gruppe gemeinsame Umgangsformen zu entwickeln und festzulegen. Dafür identifizieren die Teilnehmenden ihre unterschiedlichen Werte und analysieren die jeweiligen Hintergründe. Daraus kann sich ein Verhandlungsprozess ergeben, der auf der einen Seite zum Ziel hat, eine **Einigung auf gemeinsame Werte** zu erzielen, und auf der anderen Seite behandelt, welche **Werte neben-**

einander bestehen bleiben müssen. Es werden also ebenfalls alternative und kreative Handlungsmöglichkeiten gesucht, sodass die Teilnehmenden den Kern ihres Wertes oder Bedürfnisses behalten können, ohne das Ausleben der Werte anderer einzuschränken. Dieser kreative Prozess der Regelfindung sollte regelmäßig überprüft und gegebenenfalls verändert werden – es ändern sich nicht nur die Teilnehmenden, sondern auch Situationen und Gegebenheiten.

Gewissensentscheidungen – Was ist gerecht?

Ziel der Seminarübungen ist es, **Situationen, Entscheidungen, Meinungen und Regelungen zu bewerten und zu überprüfen**, ob diese mit den eigenen Werten und dem Gewissen vereinbar sind. Oft werden Alternativen gesucht und Handlungsmöglichkeiten entwickelt, um die eigene Position zu verdeutlichen, ohne die der anderen einzuschränken. Denkt man einmal an eine Geschwindigkeitsbegrenzung in einer Wohngegend, schränkt man hier die Individualität des Autofahrenden ein. Hier kann das Fahrtempo nicht mehr beliebig an die Bedürfnisse/Umstände, wie Zeit, Fahrstil und Geschick, angepasst werden. Verständlich ist die Notwendigkeit einer Einschränkung aber zum Schutz der Fußgänger und zum Schutz vor Lärm für Anwohner. Diese Regelung wird wahrscheinlich mehrheitlich als sinnvoll bewertet. Anders wäre es sicherlich, spräche man ein allgemeines Autofahrverbot aus Gründen des Umweltschutzes aus – die individuellen Rechte wären zu stark eingeschränkt.

Ein Umgang mit einem Wertekonflikt wird umso schwieriger, je unterschiedlicher die Werte definiert werden oder je tiefer die Werte verankert sind. Ein immer wiederkehrender Wertekonflikt liegt z.B. bei der Frage der Atomenergie vor. Dies zeigen kleinere und auch größere Protestaktionen. Auf der einen Seite kann durch Atomkraftwerke viel Energie für viele Menschen erzeugt werden, auf der anderen Seite kann diese Technik verheerende Folgen haben und Menschen und Umwelt nachhaltig schädigen.

Große Aufmerksamkeit wurde ebenfalls dem Tragen von Kopftüchern in bestimmten beruflichen Positionen gewidmet. Die öffentliche Diskussion lässt auf eine Uneinigkeit schließen. Zwei Positionen stehen sich z.B. bei einer kopftuchtragenden Lehrerin gegenüber: Einerseits die Freiheit zur Entfaltung der Persönlichkeit, also die Meinungs- und Religionsfreiheit und damit verbunden das individuelle Recht auf das Tragen eines Kopftuchs. Auf der anderen Seite steht die Angst, dass das öffentliche Tragen von religiösen Symbolen eines pädagogischen Vorbildes die freie Entfaltung der Persönlichkeit der Kinder einschränken könnte.

Wenn beispielsweise ein Gericht einer Lehrerin das Kopftuchtragen verbietet, wie z.B. 2006 in Nordrhein-Westfalen, so muss jeder für

Werte und Rechte

sich individuell entscheiden, ob dies mit den eigenen Werten übereinstimmt oder ob es nicht als Diskriminierung gesehen werden muss. Andere gesellschaftliche Wertekonflikte drehen sich um Themen wie Abtreibung, den Einsatz der Bundeswehr in Afghanistan, gleichgeschlechtliche Eheschließung oder Sterbehilfe und laden ebenfalls zur Diskussion und persönlichen Entscheidungsfindung ein.

> Wer ein Kopftuch trägt, integriert sich nicht in unsere Gesellschaft!

Durch die Zivilcourage-Bildungsarbeit wird eine starke **Verantwortungsübernahme für gesellschaftliche Gegebenheiten** gefördert. Die **Kompetenzen, sich öffentlich für die Freiheiten und Rechte anderer einzusetzen und deren Menschenrechte zu schützen, sollen gestärkt werden.** Kann ich nach einer differenzierten Betrachtung diese erwähnten und gefällten Entscheidungen auf Grund meines Menschenrechtsempfindens nicht akzeptieren, ist zivilcouragiertes Verhalten von mir gefordert, um der gesellschaftlichen Verantwortung nachzugehen. In manchen Fällen kann das auch bedeuten, gegen allgemeine Regelungen und definierte Vorstellungen zu verstoßen.

Wir brauchen zur Überprüfung der demokratischen Strukturen aktive Mitmenschen, die es wagen, definierte und gesellschaftlich akzeptierte Vorstellungen, Regelungen, Normen und Werte in Frage zu stellen und öffentlich gegensätzliche Positionen zur Diskussion zu bringen. Nur so ist der stetige gesellschaftliche Wandel überprüfbar.

Zivilcourage bedeutet, die Menschenrechte zu schützen

Durch Heranziehen der Menschenrechte oder des Grundgesetzes können Situationen noch differenzierter betrachtet und schließlich auch individueller bewertet werden. Der Zugang zu demokratischen Entscheidungsfindungsprozessen fällt dadurch leichter. Das Wissen über Menschenrechte befähigt uns, individuelle sowie strukturelle **Diskriminierung zu spüren und entsprechend zu handeln.** Es ist wichtig, zu begreifen, dass alle Menschen Träger von Rechten sind, somit in Konfliktsituationen jeder „ein Paket" von Rechten mit sich trägt. Zu diesem Paket gehören demokratische Grundprinzipien und Menschenrechte:

- Unverletzlichkeit der Würde des Menschen
- Freiheit zur freien Entfaltung der Persönlichkeit
- Soziale Verantwortung
- Orientierung am Gemeinwohl
- Gerechtigkeit
- Gleichberechtigung
- Mitbestimmung und Beteiligung

Suche nach Verbündeten

Durch zivilcouragiertes Verhalten eine Veränderung herbeizuführen, ist nicht gerade leicht. Viele Jugendliche glauben nicht daran, etwas bewegen zu können.

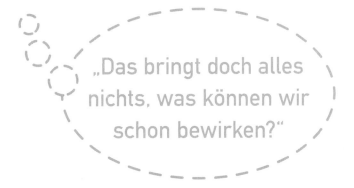

„Das bringt doch alles nichts, was können wir schon bewirken?"

Vielen Menschen fehlen positive Erlebnisse eigenen Engagements. Hinzu kommt, dass ihnen häufig das Wissen über die Nutzung unterschiedlicher demokratischer und zivilgesellschaftlicher Gremien fehlt. Auch wenn sie die Verantwortung für eine empfundene Notsituation übernehmen wollen, wissen sie oftmals nicht, **wie sie dies umsetzen können**. Wenn ich etwas verändern möchte, brauche ich Unterstützung, und ich brauche Öffentlichkeit. Es ist dafür erforderlich, dass in Bildungsstätten für Kinder und Jugendliche Gremien und Rahmenbedingungen bestehen, in denen sie selbst etwas bewegen und diskutieren können. Die Möglichkeit, gemeinsam etwas zu entwickeln, sollte stets gefördert werden. Ein Klassenrat oder eine Kinderkonferenz bieten die Möglichkeit, bestimmte Themen zu diskutieren. Es kann zusammen überlegt werden, wie z.B. damit umgegangen werden kann, dass das Essen in der Kantine gesundheitsschädlich ist und überhaupt nicht schmeckt. Oder es wird eben überlegt und geplant, wie einem Mitschüler geholfen werden kann. Wichtig ist, aufzuzeigen, wer alles als Verbündeter fungieren kann. Ist es möglich, die unterschiedlichen Räte der Schule mit einzubeziehen? Ist es möglich, Stadtteilinitiativen um Hilfe zu bitten? Kann vielleicht der Beratungsdienst der Schule unterstützen? Gerade bei den beschriebenen Situationen ist es schwierig, alleine zu agieren, man braucht Verbündete, und man muss wissen, wie diese erreicht werden können.

Werte und Rechte

Methode

Entscheidung – Welcher Wert ist mir wichtiger?[66]

Zeit:
60 Minuten

Kurzbeschreibung:
Werte sind schwer zu erklären und schwer greifbar. Die Übung bietet einen spielerischen Einstieg in das Thema. Die Teilnehmenden sollen Verhaltensweisen bestimmter Personen in einer Geschichte beurteilen und in eine Rangfolge bringen. Aus den Begründungen für die Platzierung können dann Wertvorstellungen der Teilnehmenden gefiltert werden.

Ablauf:
Die Anleitenden lesen die KV *Geschichte von Nina und Marc* (S. 108) betont vor und verweisen dabei auf die Visualisierung der Geschichte. Anschließend werden die Teilnehmenden in Einzelarbeit gebeten, eine eindeutige Rangfolge aller vorkommenden Personen zu erstellen. Dabei ist das schlechteste Verhalten auf Rang 1 und das am wenigsten schlechte auf Rang 5. Ergänzend sollen kurze Begründungen notiert werden. Nach der Einzelarbeitsphase tauschen sich vier bis fünf Personen über ihre Rangfolge aus und begründen ihre Platzierung. Im Anschluss versucht die Gruppe, einen Konsens über eine Rangfolge zu erlangen. Jede Gruppe sollte vorbereitete Karten mit Namen in unterschiedlichen Farben bekommen, auf denen sie den Rang vermerken kann. Auf einer gleichfarbigen Karte können sie dann eine Begründung notieren.
Zur Präsentation der Ergebnisse pinnen die Gruppen ihre Rangfolgen mit den Begründungen nebeneinander (Tabelle: senkrecht Rangfolgen, waagerecht Gruppenbezeichnungen) und stellen ihr Ergebnis kurz vor. So werden unterschiedliche und ähnliche Wertungen sehr deutlich.

Auswertung:
- *Wie stark unterscheiden sich die Wertungen?*
- *Wie wurde ein Konsens erzielt?*
- *Wie schnell kam ein Konsens zu Stande?*
- *Welche Werte verbergen sich hinter den Wertungen der Handlungen?*
  (ggf. gesondert visualisieren/mitschreiben)
- *Wer gibt die Werte vor?*
- *Wer legt die Rangfolge der Werte fest?*

Tipps für die Anleitenden:
Wir haben festgestellt, dass die Teilnehmenden sehr stark in die Geschichte einsteigen und somit auch sehr emotional argumentieren, manche Gruppen brauchen deshalb moderierende Unterstützung bei der Konsensfindung. Es bietet sich an, zur Vorbereitung eine eigene Rangfolge zu erstellen, um die Gedanken der Teilnehmenden nachvollziehen zu können.
Je mehr sich die Gruppe auf die Geschichte einlässt, desto schwerer fällt eventuell die Auswertung, da sie sich nur schwer von den Personen der Geschichte lösen können. Die Auswertungsfragen sollten sich dann speziell auf die Filterung der vorkommenden Werte beziehen.
Es bietet sich in jedem Fall an, nach dieser Übung eine längere Pause zu machen.

Die Geschichte von Nina und Marc[67]

Nina ist eine junge Frau von etwa 25 Jahren. Seit einigen Monaten ist sie verlobt mit Paul. Das Problem, dem sie sich gegenübersieht, ist ein Fluss, der zwischen ihr und ihrem Verlobten liegt. Aber es ist nicht etwa ein gewöhnlicher Fluss, sondern ein tiefer, weiter Fluss voll von hungrigen Krokodilen.

Nina überlegt, wie sie den Fluss überqueren kann. Ihr fällt ein Bekannter ein, der ein Boot besitzt. Nennen wir ihn Marc. Also geht sie zu Marc und bittet ihn, sie überzusetzen. Er antwortet: „In Ordnung, ich bringe dich hinüber, wenn du die Nacht mit mir verbringst." Schockiert über dieses Ansinnen, wendet sie sich an ihre beste Freundin Maria und erzählt ihr ihre Geschichte. Maria antwortet: „Ich verstehe dein Problem, aber es ist dein Problem, nicht meines." Also beschließt Nina, zu Marc zurückzugehen und die Nacht mit ihm zu verbringen. Am Morgen bringt er sie über den Fluss.

Ihr Wiedersehen mit Paul ist herzlich. Jedoch am Abend vor der Hochzeit fühlt Nina sich gezwungen, Paul zu sagen, wie es ihr gelang, den Fluss zu überwinden. Darauf antwortet Paul: „Ich würde dich nicht heiraten, auch wenn du die letzte Frau auf Erden wärst!"

Nun, am Ende ihrer Weisheit, wendet sich Nina an Georg. Georg hört sich ihre Geschichte an und sagt: „Gut, Nina, ich liebe dich zwar nicht ... aber ich werde dich heiraten."

Und das ist das Ende der Geschichte.

Werte und Rechte

Methode

Wertesammlung[68]

Zeit:
35 Minuten

Kurzbeschreibung:
Ziel dieser Übung ist es, sich mit den eigenen Werten näher auseinanderzusetzen und zu ergründen, welche Rolle diese im Leben spielen und wo sie eigentlich herkommen.

Ablauf:
Alle Teilnehmenden werden gebeten, die wichtigsten eigenen Werte auf einem DIN-A4-Blatt zu sammeln. Anschließend soll auf einem neuen Blatt notiert werden, woher die eigenen Werte kommen, durch wen man sie kennengelernt hat oder durch welche Erlebnisse sie entwickelt wurden.

Danach werden Kleingruppen gebildet, die sich über diese Sammlung austauschen. Ihre Aufgabe ist es, die Werte auf einem möglichst großen Papierbogen (Flipchart, Tapetenrolle o.Ä.) zu sammeln, zu sortieren und für jede Wertegruppe eine Überschrift zu finden.
Danach folgt der Austausch im Plenum.

Variante:
Die Kleingruppe soll alle Werte hintereinanderhängen oder -schreiben. Danach können die einzelnen Teilnehmenden mit einem dicken Stift die drei wichtigsten Werte von allen genannten ankreuzen. Dadurch entsteht eine Wertereihenfolge nach den verteilten Kreuzen. Der Wert mit den meisten Kreuzen bekommt den ersten Platz, der mit der zweithöchsten Anzahl den zweiten Platz und so weiter. Die Werteskala wird danach im Plenum vorgestellt.

Auswertung:
Die Variation bietet die Möglichkeit, mit den eindeutigen Positionen in der Gruppe zu arbeiten und auf neue Lösungen und Veränderungen hinzuwirken. Die Differenzen und Widersprüchlichkeiten sollten im Plenum diskutiert werden. Es kann sehr gut mit diesen Wertesammlungen als Hintergrund für die nächsten Übungen weitergearbeitet werden.

Tipps für die Anleitenden:
Die Anleitenden sollten die Gruppen eng begleiten und den einzelnen Teilnehmenden helfen, Werte zu formulieren. Da es oft schwerfällt, zu ergründen, wo der Wert herkommt, hilft die Frage nach Vorbildern.
Bei der Variation kann es zu Streit kommen, weil Werte tendenziell keine Rangfolge haben, sondern eher widersprüchlich sind. Die Anleitenden sollten hier die Gruppe moderierend unterstützen.
In der Auswertung ist es möglich, besonders die Widersprüche der unterschiedlichen Werte zu diskutieren. Hier kann es hilfreich sein, beispielhaft auf die individuelle und die kollektive Sichtweise aufmerksam zu machen. Für eine einzelne Person ist vielleicht Flexibilität und Selbstbestimmung in der Zeiteinteilung wichtig, aus Sicht einer Gruppe widerspricht es dem Wert von Pünktlichkeit.

Ansprüche, Erwartungen, Menschenrechte[69]

Zeit:
35 Minuten

Kurzbeschreibung:
Diese Übung stellt eine Verbindung zwischen Erwartungen an unterschiedliche Menschengruppen und den Menschrechten her. Der Einstieg in und das Verständnis des Themas „Menschenrechte" werden hierdurch erleichtert.

Auf den Erkenntnissen kann in der Übung aufgebaut werden:
- **M** *Umgang mit Menschenrechten* (S. 113).

Ablauf:
Zum Einstieg werden die Teilnehmenden gebeten, **KV** *Erwartungen* (S. 112) an bestimmte Personengruppen ihres Umfeldes zu formulieren. Sie sollen darüber nachdenken, was sie persönlich ohne schlechtes Gewissen erwarten können. Von Freunden könnte das z.B. Zuhören, Unterstützung oder Spaßhaben sein.

Die Fragen lauten:
Was kann ich ohne schlechtes Gewissen erwarten von:
- *meinen Familienmitgliedern,*
- *meinen Freunden,*
- *meinen Mitschülern,*
- *meinen Lehrkräften/Anleitenden,*
- *meinem Staat.*

Mit den ausgefüllten Arbeitsblättern finden sich die Teilnehmenden in Kleingruppen von vier bis fünf Personen zusammen. Dort stellen sie sich gegenseitig ihre Erwartungen vor. Anschließend versuchen sie, aus den Erwartungen Menschenrechte zu formulieren. Aus der Erwartung an eine lehrende Person, Wissen vermittelt zu bekommen oder gefördert zu werden, lässt sich zum Beispiel das Recht auf Bildung ableiten.

Zur Ermittlung der Menschenrechte bietet es sich an, als Material jede Gruppe mit mindestens einem Grundgesetz oder einer ausführlichen Version der **KV** *Allgemeinen Erklärung der Menschenrechte* (S. 116) auszustatten (einsehbar auch hier: http://de.wikisource.org/wiki/Allgemeine_Erklärung_der_Menschenrechte).
Je nach bereits vorhandenem Wissenstand, sollte ausreichend Zeit für die Gruppenphase vorhanden sein.

Die Gruppen stellen im Plenum die Ergebnisse reihum vor. Eine Gruppe übernimmt eine Personengruppe, schildert die Erwartungen und die daraus resultierenden Bedürfnisse und Menschenrechte. Die anderen Gruppen ergänzen. Es ist sinnvoll, die gemeinsam gesammelten Rechte für weiterführende Übungen zu visualisieren.

Variante:
Der Arbeitsschritt in den Kleingruppen kann aus zeitlichen Gründen auch im Plenum stattfinden. Die Erwartungen aus der Einzelarbeitsphase werden gesammelt, und es wird gemeinsam überlegt, welche Menschenrechte daraus resultieren können. Es können auch erst Menschenrechte erarbeitet und dann geprüft werden, ob diese tatsächlich ein Äquivalent in der **KV** *Allgemeinen Erklärung der Menschenrechte* (S. 116) haben.

Auswertung:
Ganz anders als alle vorhergehenden Auswertungen, beinhalten die Übungen zu Werten und Grundhaltungen, dass nach der Übung weiter diskutiert wird. Die Teilnehmenden sind nicht in einer Rolle, die sie dann wieder abgeben. Sie stecken in die Übungen immer einen echten Teil von sich. Erst, wenn die Anleitung wieder organisatorisch tätig wird, endet der Abschnitt. Dies gilt auch für die Aktivität **KV** *Umgang mit Menschenrechten* (S. 116).

Werte und Rechte — Methode

Die folgenden Fragen dienen zur Orientierung. Es können auch andere Themen aufkommen, auf die flexibel reagiert werden muss.

- *War es schwierig, Erwartungen zu formulieren?*
- *Bei welchen Personen ist es schwer- bzw. leichtgefallen, Erwartungen in Menschenrechte umzuformulieren?*
- *Gab es Erwartungen, die nicht in Rechte umformulierbar waren?*
- *Seid ihr bei der Recherche/der Arbeit mit der KV Allgemeinen Erklärung der Menschenrechte (S. 116) auf Rechte gestoßen, die ihr nicht aus eigenen Erwartungen formuliert habt und die ihr trotzdem besonders interessant fandet?*

Tipps für die Anleitenden:

Das Thema Menschenrechte muss noch nicht ausgiebig thematisiert worden sein, diese Übung bietet einen guten Einstieg und liefert ein sehr gutes Verständnis der Sinnhaftigkeit und Begründung von Menschenrechten. Es sollten jedoch bekannte Schlagwörter, wie Recht auf Bildung, Recht auf die freie Entfaltung der Persönlichkeit und der Gleichbehandlungsgrundsatz, im Vorfeld bekannt sein.

Es bietet sich auch in dieser Übung an, das Arbeitsblatt vorher selber auszufüllen und für sich Menschenrechte abzuleiten.

Ab der 8. Klasse gut anzuwenden.

Erwartungen[70]

Was kann ich ohne schlechtes Gewissen erwarten von:

- meinen Familienmitgliedern

_____
_____
_____
_____

- meinen Freunden/Freundinnen

_____
_____
_____
_____

- meinen Mitschülern/Mitschülerinnen

_____
_____
_____
_____

- meinen Lehrkräften/Anleitenden

_____
_____
_____
_____

- meinem Staat

_____
_____
_____
_____

Werte und Rechte Methode

Umgang mit Menschenrechten[71]

Zeit:
35 Minuten

Kurzbeschreibung:
Menschenrechte schränken sich ggf. gegenseitig ein, im Konflikt muss ich mich für eine Seite entscheiden. Die Übung beschäftigt sich mit dem Umgang mit Widersprüchen. Hier spielen natürlich Wertvorstellungen eine große Rolle.
Die Teilnehmenden werden in dieser Übung in die Rolle eines Richters bzw. einer Richterin gebracht und sollen einen konkreten KV *Fall* (S. 114) entscheiden.

Ablauf:
Diese Übung kann gut angeschlossen werden an:
- M *Ansprüche, Erwartungen, Menschenrechte* (S. 110).

Den Teilnehmenden wird erklärt, dass sie nun in die Position eines Richters gebracht werden. Sie sollen Fälle lösen, bei denen es um unterschiedliche Bedürfnisse, Freiheiten und Rechte geht, die zu Streitigkeiten führen.
Es gibt zwei eindeutige Parteien, die durch ihre Anwälte vertreten werden. Einer der Anwälte stellt einen Antrag mit einer Begründung. Der Richter muss entscheiden, ob dem Antrag stattgeben werden kann – Zwischenlösungen mit bestimmten Auflagen sind nicht möglich. Es kann nur eine eindeutige Entscheidung gefällt werden. Pro Kleingruppe von vier bis fünf Personen wird ein KV *Fall* (S. 114) und mindestens eine KV *Allgemeine Erklärung der Menschenrechte* (S. 116) ausgeteilt; falls zu diesem Zeitpunkt noch nicht besprochen, eine ausführliche Version nutzen (einsehbar auch hier: http://de.wikisource.org/wiki/Allgemeine_Erklärung_der_Menschenrechte). Die Gruppe bekommt die Anweisung, den Fall im Vorfeld sorgfältig zu lesen, um ggf. klärende Fragen stellen zu können. Anschließend soll sie gemeinschaftlich eine Tabelle erstellen, in der die Positionen beider Parteien, begründet durch Menschenrechte, Bedürfnisse und Interessen, deutlich werden (konkrete Gesetzeslagen bleiben hier außen vor). Abschließend entscheidet die Gruppe in einer Diskussion über einen Urteilsspruch.
Sind alle Gruppen mit der Bearbeitung der Fälle fertig, werden die Ergebnisse in einem Rollenspiel ausgewertet. Jede Kleingruppe wählt nun zwei „Anwälte" als Vertreter beider Parteien. Um Sicherheit beim Vortragen zu gewährleisten, dürfen diese das in der Gruppe vorbereitete Material (die Tabelle) verwenden. Mündlich formulieren und begründen sie ihren Antrag. Jeweils eine Person aus einer anderen Gruppe stellt einen Richter. Die entscheidende Person weiß noch nichts über den Fall und gibt den beiden Parteien Zeit, ihre Position und ihren Antrag zu begründen. Ergänzend stellt sie Fragen.
Zur Fällung eines Urteils darf sich der Richter zwei beratende Personen aussuchen, um dann ein eigenes Urteil zu fällen – natürlich u.U. ein anderes, als in der Kleingruppe besprochen.

Variante:
Nach einer kurzen Reflektion (siehe Auswertung) kann in der Gruppe eine Zwischenlösung gefunden werden, in der die Bedürfnisse beider Parteien mehr im Einklang sind. Der Drang ist sehr groß, da es sehr schwerfällt, das Dilemma auszuhalten.

Auswertung:
- *Wie war die Urteilsfindung für die Richterin bzw. den Richter?*
- *Zu welchem Urteil ist die Gruppe gekommen?*
- *In welche Partei konnte man sich schneller hineinversetzen, und warum?*
- *Wie hoch ist die Zufriedenheit mit dem Urteil?*

Bitte beachten Sie auch die Anmerkungen zur vorhergehenden Übung auf S. 111.

Fälle und „Lösungen"

Ihr seid Richter und Richterinnen und sollt über folgenden Fall entscheiden. In diesem Urteil muss einer der beiden Seiten Recht gegeben werden.

Fall 1: Genehmigung einer Demonstration[72]
Partei 1 (Ordnungsamt) gegen Partei 2 (Bürgerinitiative)
Das Ordnungsamt will eine Demonstration der Bürgerinitiative „Toleranz e.V." nicht genehmigen. Die Bürgerinitiative will nach einem gewalttätigen Übergriff auf einen Asylbewerber für mehr Toleranz demonstrieren. Die Stimmung in der Stadt ist gerade sehr aufgeheizt, und das Ordnungsamt befürchtet eine Gegendemonstration von Rechtsradikalen. Es argumentiert damit, dass die Sicherheit der Demonstranten und die Aufrechterhaltung der öffentlichen Ordnung nicht garantiert werden können. Die Bürgerinitiative klagt gegen die Verfügung des Ordnungsamtes und stellt einen Antrag zur Aufhebung des Verbotes.[70]

Ihr seid Richter und Richterinnen und sollt über folgenden Fall entscheiden. In diesem Urteil muss einer der beiden Seiten Recht gegeben werden.

Fall 2: Suspendierung eines aidskranken Lehrers
Partei 1 (Lehrer) gegen Partei 2 (Elterngruppe)
Der Lehrer ist an Aids erkrankt. Er unterrichtet Deutsch, Mathematik und Sport. Eine Gruppe von Eltern fordert die Suspendierung des Lehrers. Der Lehrer versichert, dass er sich körperlich fit fühlt und in der Lage ist, entsprechende Vorsichtsmaßnahmen gegen eine Ansteckung zu treffen. Nicht alle Eltern der Schule möchten eine Suspendierung. Wird der Suspendierung des Lehrers stattgegeben?

Werte und Rechte	Kopiervorlage

Ihr seid Richter und Richterinnen und sollt über folgenden Fall entscheiden. In diesem Urteil muss einer der beiden Seiten Recht gegeben werden.

Fall 3: Befreiung von der Schulpflicht[73]
Partei 1 (Eltern) gegen Partei 2 (Staat)

Die Eltern hatten den Antrag gestellt, ihre mittlerweile zwölfjährige Tochter von der Schulpflicht zu befreien. Sie wollten ihr Kind lieber zu Hause unterrichten. Als Grund dafür führen sie an, dass in öffentlichen Schulen zwar die Liebe zu den Menschen, nicht aber die Liebe zu Gott gelehrt wird. Außerdem würden die Schüler nicht dazu erzogen, sich Autoritäten unterzuordnen, stattdessen werde ihnen vermittelt, diese zu hinterfragen.
Die Eltern vermissten zudem eine eindringliche Warnung der Lehrer vor jedweder Zauberei: Stattdessen würden Hexengeschichten empfohlen („Harry Potter"). Statt der biblischen Schöpfungsgeschichte werde die Evolutionstheorie gelehrt, und zwar nicht als Theorie, sondern als wissenschaftlich bewiesen. Statt Schamhaftigkeit und Keuschheit zu lehren, erfolge eine verfrühte sexuelle Aufklärung. Die Eltern und ihre sechs Kinder gehören der Gemeinde der Evangeliums-Christen, den Baptisten an. Baptisten leben streng nach der Bibel und betonen Ehe, Schamhaftigkeit, Nächstenliebe und Schöpfungsgeschichte.
Kann die Tochter von der Schulpflicht befreit werden?

„Auflösung*":
Mit einzubeziehende Rechte und Argumente

Fall 1: Genehmigung einer Demonstration
Ordnungsamt:
- Gefährdung der öffentlichen Ordnung und Sicherheit
- Schutz der Anwohner
- Recht auf Leben und körperliche Unversehrtheit

Bürgerinitiative:
- Meinungsfreiheit
- Versammlungsfreiheit

Fall 2: Suspendierung eines aidskranken Lehrers
Lehrer:
- Berufsfreiheit
- freie Entfaltung der Persönlichkeit

Eltern:
- Recht auf Leben und körperliche Unversehrtheit

Fall 3: Befreiung von der Schulpflicht
Eltern:
- Religionsfreiheit
- freie Entfaltung der Persönlichkeit

Staat:
- Recht auf Bildung

* Es gibt keine wirkliche Auflösung. Die Geschichten bleiben ein Dilemma. In der Bearbeitung liegen die spannenden Ergebnisse im Prozess der Auseinandersetzung und Bearbeitung von Dilemmasituationen!

Allgemeine Erklärung der Menschenrechte[74]

Artikel 1: Freiheit, Gleichheit, Brüderlichkeit

Artikel 2: Verbot der Diskriminierung

Artikel 3: Recht auf Leben und Freiheit

Artikel 4: Verbot der Sklaverei und des Sklavenhandels

Artikel 5: Verbot der Folter

Artikel 6: Anerkennung als Rechtsperson

Artikel 7: Gleichheit vor dem Gesetz

Artikel 8: Anspruch auf Rechtsspruch

Artikel 9: Schutz vor Verhaftung und Ausweisung

Artikel 10: Anspruch auf faires Gerichtsverfahren

Artikel 11: Unschuldsvermutung

Artikel 12: Freiheitssphäre des Einzelnen

Artikel 13: Freizügigkeit und Auswanderungsfreiheit

Artikel 14: Asylrecht

Artikel 15: Recht auf Staatsangehörigkeit

Artikel 16: Eheschließung, Familie

Artikel 17: Recht auf Eigentum

Artikel 18: Gedanken-, Gewissens-, Religionsfreiheit

Artikel 19: Meinungs- und Informationsfreiheit

Artikel 20: Versammlungs- und Vereinigungsfreiheit

Artikel 21: Allgemeines und gleiches Wahlrecht

Artikel 22: Recht auf soziale Sicherheit

Artikel 23: Recht auf Arbeit, gleichen Lohn

Artikel 24: Recht auf Erholung und Freizeit

Artikel 25: Recht auf Wohlfahrt

Artikel 26: Recht auf Bildung

Artikel 27: Freiheit des Kulturlebens

Artikel 28: Soziale und internationale Ordnung

Artikel 29: Grundpflichten

Artikel 30: Auslegungsregel

Werte und Rechte

Methode

Suchen nach Verbündeten – Das Umgebungs-Hilfenetz

Zeit:
30 Minuten

Kurzbeschreibung:
Diese Übung bezieht sich auf die Möglichkeit, sich in bestimmten Situationen Verbündete zu suchen. Die Teilnehmenden erarbeiten ein Hilfsnetzwerk in ihrer sozialen Welt. Hierbei können natürlich auch Lücken in diesem Netz deutlich werden.

Ablauf:
Eine Gruppe von vier bis fünf Teilnehmenden bekommt den Auftrag, ein Hilfsnetzwerk für eine Notsituation in Form einer Mind Map darzustellen. Diese Notsituationen sollten sich aus den bereits diskutierten und behandelten Themenfeldern ergeben. Es soll deutlich werden, wer im eigenen Umfeld unterstützend und helfend eingreifen könnte.

Variante:
Die Fragestellungen können auch über einen längeren Zeitraum von den Gruppen bearbeitet werden. Außerdem können Ergebnisse durch Einrichtungsbesuche oder das Einladen von Verantwortlichen unterstützt werden.

Auswertung:
Das Hilfsnetz wird vorgestellt und ggf. gemeinsam ergänzt.

Tipps für die Anleitenden:
Bei dieser Übung ist große Flexibilität bei den Anleitenden gefragt. Hier kann speziell auf die aufkommenden Themen eingegangen werden. Die Teilnehmenden brauchen beim Zugang zu unterschiedlichsten Informationen Unterstützung. Ausführlichkeit in der Ausarbeitung der Ergebnisse steht hier im Vordergrund.

Beispiel Hilfenetz in der Schule:
- Klassenlehrkraft
- Klassenrat
- Schülervertretung
- Eltern
- Beratungsdienst
- Jugendbeauftragte der Polizei
- Mitarbeitende aus Jugendeinrichtungen
- Mitschülerinnen und Mitschüler
- …

Eingreifen und Handeln

Was kann ich schon machen? Bloß weg, bevor ich selber noch was abkriege!
Eine Gruppe von Jugendlichen steigt in die Bahn ein. Sie lachen laut, schauen herum und entdecken einen anderen Jugendlichen, der alleine auf einer Bank sitzt. Sie hören auf zu lachen und setzen eine coole und finstere Miene auf.
„Rück 'ne Zigarette raus ... oder besser: Gib uns dein Geld, damit wir welche kaufen können!"
Die Jugendlichen sind laut, jeder kann sie verstehen. Das Opfer ist wie gelähmt vor Angst. Es bekommt keine Antwort heraus. „Hast du nicht gehört, oder willst du was auf die Fresse?" Der Jugendliche fängt an zu weinen.
Die anderen Fahrgäste schauen aus dem Fenster oder noch tiefer in die Zeitung. Einer steht auf und entfernt sich zum Ausgang. Die Jugendlichen haben leichtes Spiel und haben alles sicher unter Kontrolle. Wie sie erwartet haben, lehnt sich keiner auf. Und schon fängt das Opfer einen Schlag ins Gesicht ein. Unter Tränen und mit blutiger Nase reicht es ihnen seine Geldbörse. Die Gruppe verabschiedet sich noch bei dem Opfer mit einem Schlag auf den Hinterkopf und einem Tritt gegen das Schienbein. An der nächsten Haltestelle sind die Jugendlichen verschwunden.

Wenn wir Zeugin oder Zeuge einer bedrohlichen Situation werden, ist es nicht einfach, das Richtige zu tun. Jeder kann helfen! Gar nichts tun, geht gar nicht!
Bei den folgenden Trainingsmethoden werden in Rollenspielen **mögliche Szenarien** durchgespielt und in deren Reflektion **verschiedene Handlungsmöglichkeiten** aufgezeigt, um ein Gespür für angemessenes Handeln zu entwickeln. Dabei bilden die erlernten Sicherheiten und Techniken aus den vorhergehenden Kapiteln eine gute Grundlage, um ein konstruktives Eingreifen zu ermöglichen.

Zurück zur Eingangssituation: Wie könnten geübte Zuschauende wohl reagieren und eingreifen? Die Angreifenden denken, sie haben alles unter Kontrolle.
Wenn die Zuschauenden etwas Unerwartetes tun, sind sie es, die die Angreifenden überraschen. Sie können versuchen, ihnen die Situation aus der Hand zu nehmen.
Es ist sinnvoll, **auf das Opfer zuzugehen**, bevor die Situation weiter eskaliert. Es ist wichtig, ruhig und präventiv zu handeln. Das Opfer kann beispielsweise an die Hand genommen und zum Ausgang begleitet werden. Das Opfer kann direkt angesprochen werden: „Komm, wir müssen hier aussteigen." Das Opfer fühlt sich oft wie gelähmt, sodass es sich aus der Bedrohung nicht selbst befreien kann.
Für die Eingreifenden ist wichtig, keine hektischen Bewegungen zu machen, die bei den Tätern

Eingreifen und Handeln

unkontrollierte Reaktionen auslösen könnten. Zusätzlich sollte in der Aktion **so viel Hilfe wie möglich** organisiert werden. Dabei ist es besser, jemanden gezielt anzusprechen und sich nicht allgemein an die Anwesenden zu wenden. Gezielt ansprechen bedeutet zum Beispiel: „Sie mit der roten Umhängetasche, bitte begleiten Sie uns nach draußen. Und Sie mit dem gelben Pulli, bitte rufen Sie die Polizei!" Denn auch die Zuschauenden fühlen sich oft wie gelähmt und müssen erst „wachgerüttelt" werden. Wenn sich nun die Täter dennoch in den Weg stellen, sollte versucht werden, das Opfer in Obhut von einem Anwesenden zu geben und sich selber zurückzuziehen: „Bitte, Sie mit dem langen Mantel, kümmern Sie sich um diese Person!" Das heißt, der so mit einbezogene Helfer verlässt mit dem Opfer die Situation, Sie – wenn irgend möglich – ebenfalls. Es macht keinen Sinn, den Helden zu spielen und dadurch ggf. die Explosivität der Situation noch zu verstärken. Wenn es nicht anders geht, sollte **das Gespräch mit dem Angreifer gesucht werden**. Dem Angreifer sollte genau zugehört werden, es sollten ihm weder Drohungen noch Beleidigungen entgegengebracht werden. Blickkontakt und eine feste Stimme sind hilfreich. Der Angreifer sollte auch von den Zuschauenden nicht verbal persönlich angegriffen werden. Wenn nötig, können gezielt die **Handlungen** der Täter kritisiert werden. Es ist sinnvoll, den Angreifer zu siezen, dadurch sehen Außenstehende sofort, dass es sich nicht um einen kleinen Streit unter Freunden handelt.

Entscheidend ist, als Eingreifender ruhig zu bleiben und alles zu tun, damit die Situation nicht weiter eskaliert. Der Angreifer sollte nicht angefasst werden. Wenn die Situation sich nicht entspannt, sollten die Helfer sich selbst in Sicherheit bringen und gezielt unter Menschen gehen. Es gibt Situationen, in denen die Täter offensichtlich stärker und zu jeder Art von Gewalt bereit sind. Wegsehen ist aber keine Lösung! Es ist wichtig, **Unterstützung zu suchen und die Polizei sofort zu verständigen**. Es sollte auf räumliche Distanz zum Täterkreis und auf die direkte Ansprache des Opfers geachtet werden: „Kommen Sie zu uns, wir helfen Ihnen!" Eine hundertprozentige Erfolgsgarantie gibt es dabei natürlich nicht, aber die Wahrscheinlichkeit, dass der Einsatz gelernter Zivilcourage erfolgreich verläuft, ist hoch.

Es ist wichtig, dass die Handelnden wissen, dass es verschiedene Interventionshaltungen und -berechtigungen gibt. Bei der Interventionshaltung sprechen wir von **vier verschiedenen Interventionstypen**:

- **Körpereinsatz:** Menschen setzen zur Deeskalation von Konfliktsituation ihren Körper ein.
- **Reden:** Menschen nutzen vorausschauend und präventiv Gespräche, um zu deeskalieren.
- **Angst und/oder Flucht:** Menschen, die nicht eingreifen können, bleiben in für sie schlimmen Situationen ängstlich und in ihrer Handlung gelähmt.
- **Kreatives Handeln:** Mit dem kreativen Handeln (siehe folgende Ausführungen) können Menschen etwas Unerwartetes tun und durch Handlungen die Konfliktpersonen ablenken und aus dem Konzept bringen.

Das **kreative Handeln** beherbergt unendlich viele Möglichkeiten, die spontan und überraschend eingesetzt werden können. Welches nun das Richtige vor Ort ist, muss spontan entschieden werden, dennoch kann die Kreativität durch unterschiedliche Rollenspiele gefördert und eingeübt werden. In unserem Beispiel war das Überraschende: das Opfer an die Hand zu nehmen, so zu tun, als wären sie Bekannte, und mit den Worten „Komm, wir müssen hier aussteigen" gemeinsam zum Ausgang zu gehen.

Das Eingreifen mit **Körpereinsatz** ist eigentlich nur sinnvoll, wenn Sie die Beteiligten kennen. Bei Fremden körperlich dazwischenzugehen, hat nichts mit Mut zu tun. Im Gegenteil – es ist für die eingreifende Person sehr gefährlich, und in den meisten Fällen eskaliert die Situation genau dadurch.

Der Erfolg des körperlichen Eingreifens in einer Konfliktsituation hängt davon ab, wie groß die **Interventionsberechtigung** des Handelnden ist. Sind Fremde oder Bekannte beteiligt? Hier habe ich z.B. als Bekannter der „Angreifer" eine höhere Interventionsberechtigung und kann mir körperliches Eingreifen eher leisten.

Im Idealfall stellen sich zwei Bekannte mit ihren Körpern zwischen die am Konflikt Beteiligten. Beide gehen auf je einen der Unruhestifter zu, fassen sie jedoch nicht an. Sie versuchen, die Beteiligten beruhigend, wenn möglich mit Namen, anzusprechen. Sie können auch die Hand reichen und sich selbst vorstellen: „Wir kennen uns doch!" Sie versuchen den Blick auf sich zu lenken, damit der Blickkontakt zum Kontrahenten durchbrochen wird. Ist ein vertrauensvoller Blickkontakt hergestellt, können eventuell die Eingreifenden behutsam einen Schritt nach vorne gehen, und die Wahrscheinlichkeit ist hoch, dass die Kontrahenten einen Schritt nach hinten machen. So ist nicht nur der Blickkontakt durchbrochen, sondern auch eine Distanz zwischen den Betroffenen geschaffen.

So könnte es klappen, muss es aber nicht! Wir müssen immer bedenken, dass es keine hundertprozentige Ideallösung gibt.

Aber in dieser und den späteren aufgezeigten Handlungen liegt eine große Chance, dass diese Konfliktsituationen gemeistert werden.
Auf gar keinen Fall sollte man den körperlichen Einsatz mit Schlägen untermauern. Hier liegt die Gefahr der Eskalation ziemlich hoch. Es wird auch häufig der Fehler gemacht, die Beteiligten von hinten an den Armen zu ergreifen oder sie zu umklammern. Der Angegriffene weiß nicht, wer hinter ihm steht. Er entwickelt Kräfte oder sogar Panik und versucht, sich freizumachen. Dabei kann schon mal ein Ellenbogen auf eine Nase treffen.

Es gibt die Chance, die vermeintlich Beteiligten **sehr früh in Gespräche zu verwickeln**, damit ihr eventuelles Vorhaben oder Verhalten im Vorfeld gestoppt werden kann. **Reden ist immer präventiv.** In unserem Fall wäre ein früher Kontakt zum Opfer möglich, um es anzusprechen. Ein in Zivilcourage geübter Mensch erkennt die Situation auf dem Bahnsteig, wenn sich die Jugendlichen bereits offensichtlich aggressiv benehmen. Er erkennt auch die Situation im Zugabteil – da sitzt hinten eine einzelne Person auf der freien Bank. Er spricht die Person an, erklärt kurz seine Befürchtungen und fordert sie auf, mit ihm zu den anderen Reisenden zu kommen. Sollte der Zuschauende sich nun irren und die Jugendlichen benehmen sich, wie die Statistik es auch beweist, zwar präsent aber gewaltlos, macht es ja nichts, mit

Eingreifen und Handeln

jemandem in ein freundliches Gespräch gekommen zu sein. Diese vorausahnende Prävention durch Gespräche kann auch mit den vermeintlichen Tätern geführt werden, um so frühzeitig Ängste und Aggressionen abzubauen.

Jeder Mensch kann eine Situation erleben, die persönlich so gefährlich erscheint, dass man nur noch aus der Situation herausmöchte. Vielleicht ist man tatsächlich in einer schwächeren Position als andere. Vielleicht ist die Situation schon kurz davor, zu eskalieren, und man ist selbst mitten hineingeraten. Aber **auch auf der Flucht kann noch helfend eingegriffen werden**. Beim Weggehen können andere Menschen angesprochen, ihnen die Situation wie auch die eigene Angst erklärt und sie konkret zum Handeln aufgefordert werden. Selbst wenn Zuschauende sich vor Angst im hintersten Teil eines Zuges unsichtbar machen, kann die **Polizei** dennoch von ihnen angerufen werden. Wenn möglich, können aus dieser Position heraus vielleicht wichtige Informationen aufgenommen werden, um später als Zeuge bei der Polizei Hilfestellung zu geben. Jeder Mensch hat eine Verhaltensvorliebe und ist hauptsächlich einem der zuvor genannten Typen zuzuordnen. Das Wissen über eine spezielle Interventionshaltung kann unterstützend gestärkt oder bereichert werden, damit das Eingreifen und Handeln noch effektiver ist. Grundsätzlich haben aber alle Handelnden diese vier Haltungen inne.

Bei Zivilcourage denken sicher die meisten an bedrohliche Situationen, wie in unserem Beispiel. Aber Zivilcourage fängt viel früher und im Kleinen an, z.B. dort, wo wir etwas **nicht gerecht oder falsch** finden. Es gibt viele alltägliche Situationen.
Aufzustehen, wenn jemand in der Klasse „fertiggemacht" wird oder ein Vorgesetzter einen Mitarbeiter benachteiligt, darum geht es, anderen **Solidarität** zu zeigen. Und es geht um die Hal-

tung, sich nicht alles gefallen zu lassen. Es ist völlig richtig, sich auch gegen angeblich „kleine" Ungerechtigkeiten zu wehren. In diesen alltäglichen Situationen, die häufig nicht so gefährlich sind, können wir uns immer wieder ausprobieren, um unser Verhalten in Zivilcourage **selbstverständlicher** werden zu lassen. In den alltäglichen Situationen am Arbeitsplatz oder in der Schule hat Eingreifen und Handeln auch mit der Qualität der Beziehungen, die die betroffenen Personen untereinander haben, zu tun.

In den folgenden Methoden sollen nun viele dieser Anregungen durch geeignete Übungen entwickelt und eingeübt werden.

Schreibe dein eigenes Drehbuch

Zeit:
45 Minuten

Kurzbeschreibung:
Die Teilnehmenden sollen in einem gesteuerten Rollenspiel Handlungsschritte in bedrohlichen Situationen aufzeigen und entwickeln. Wie schreibe ich mein eigenes Drehbuch? Wie vermindere ich die Möglichkeit eines körperlichen Angriffs? Was mache ich, wenn ich Opfer einer Gewalttat werde?

Ablauf:
Drei bis vier Teilnehmende spielen eine Gruppe, die einen Einzelnen überfallen will.
Der Einzelne wird von einem Anleitenden gespielt. Die Gruppe kommt bedrohlich auf den Einzelnen zu und fragt ihn nach seiner Geldbörse. Die Anleitenden rufen „Stopp", und die Szene wird eingefroren. Jetzt werden alle Teilnehmenden gefragt: Was kann der Einzelne in dieser Situation tun? Alle Ideen werden von den Einzelnen angespielt.
Parallel werden sie auf einem Plakat festgehalten. Die Anleitenden motivieren die Teilnehmenden, weitere Vorschläge zu machen. Das Plakat sollte gut mit Vorschlägen gefüllt sein.

Variante:
Zeit: 120 Minuten
Teilen Sie die Möglichkeiten zum *KV* *Verhalten bei Bedrohungen* ... (S. 123) aus, lassen Sie die Gruppe diese im Rollenspiel durchspielen und trainieren.

Auswertung:
Die Anleitenden ergänzen die Vorschläge auf dem Plakat um die Möglichkeiten zum *KV* *Verhalten bei Bedrohungen* ... (S. 123) und verteilen diese ggf. Kopie.

Die Teilnehmenden bepunkten die überzeugendsten Vorschläge auf dem Plakat. Pro Teilnehmendem, sind 10 Klebepunkte vorgesehen, ein Punkt für eine Handlungsalternative. Die Gruppe erstellt dann in ihrer priorisierten Reihenfolge ihr eigenes Drehbuch für ihre Institution oder die besprochene Situation.

Tipps für die Anleitenden:
Lesen Sie die Möglichkeiten zum *KV* *Verhalten bei Bedrohungen* ... (S. 123) vorbereitend durch.

Verhalten bei Bedrohungen ist erlernbar!

Schreibe dein eigenes Drehbuch

Machen wir uns nichts vor: Wenn wir in eine Bedrohungssituation geraten, verhalten wir uns meist wie das Kaninchen vor der Schlange und warten darauf, dass die Schlange zubeißt. Wir akzeptieren die Opferrolle, die Täter bestimmen das Handeln.

Aktives gewaltfreies Handeln ist aber erlernbar. Indem wir uns unsere Ängste, Handlungsmöglichkeiten und -grenzen bewusst machen, erfahren wir gleichzeitig auch mehr über unsere Fähigkeiten, in solchen Situationen zu **agieren**.
Schreibe dein eigenes Drehbuch, anstatt in einem Film mitzuspielen, den du „daneben" findest!
Der erste Schritt, um aktiv zu werden, ist, sich die folgenden Regeln zu eigen zu machen:

- **Vorbereiten!**
  Bereite dich auf mögliche Bedrohungssituationen vor: Spiele Situationen für dich allein und im Gespräch mit anderen durch. Werde dir grundsätzlich darüber klar, zu welchem persönlichen Risiko du bereit bist. Es ist besser, sofort die Polizei zu alarmieren, als sich nicht für oder gegen ein Eingreifen entscheiden zu können und nichts zu tun.

- **Sich der Gefahrensituation entziehen!**
  Wenn du angegriffen wirst und du eine Chance siehst, wegzulaufen: Versuche es!
  Laufe in einen geschützten Raum, und verlasse den Raum nicht, bis weitere Hilfe kommt. Versuche aus dem geschützten Raum heraus, Hilfe zu organisieren. Dieser geschützte Raum könnte beispielsweise ein Geschäft oder eine Menschengruppe sein.

- **Ruhig bleiben!**
  Vermeide Panik und Hektik, und mache möglichst keine hastigen Bewegungen, die reflexartige Reaktionen herausfordern können. Ruhe und Umsichtigkeit helfen dir, kreativer mit der Situation umzugehen und eine gewisse Souveränität zu bewahren. Beides wirkt außerdem auch auf andere Beteiligte entspannend.

- **Aktiv werden!**
  Wichtig ist, sich nicht von der Angst lähmen zu lassen. Eine Kleinigkeit zu tun, ist besser, als über große Heldentaten nachzudenken. Zeige als Zuschauender von Gewalt, dass du bereit bist, im Rahmen deiner Möglichkeiten einzugreifen. Jede Aktion verändert die Situation, kann deeskalierend wirken oder zumindest andere motivieren, ihrerseits einzugreifen.

- **Aus der zugewiesenen Opferrolle gehen!**
  Wenn du angegriffen wirst: Flehe nicht, zeige dich auf keinen Fall unterwürfig. Aber provoziere auch nicht. Sei dir über deine Prioritäten im Klaren, und zeige deutlich, was du willst. Ergreife die Initiative, um die Situation in deinem Sinne zu prägen.

- **Den Kontakt zum Gegner/Angreifer halten!**
  Stelle Blickkontakt her, und versuche, ein Gespräch herzustellen bzw. aufrechtzuerhalten.

- **Sich bekannt machen!**
  Zeige deinem Gegner, dass du eine Person mit einem Namen bist. Nenne deinen Namen so laut, dass auch umstehende Personen mitbekommen, wer dort angegriffen wird.

Kopiervorlage | Eingreifen und Handeln

- **Reden und zuhören!**
  Teile das Offensichtliche mit, was du dir wünschst, sprich ruhig, laut und deutlich, bleibe sachlich. Höre zu, was dein Gegner bzw. Angreifer sagt. Aus seinen Antworten kannst du deine nächsten Schritte ableiten.
  Beispielsätze:
  • „Ich möchte keinen Streit."
  • „Ich möchte in Frieden nach Hause gehen."

- **Nicht drohen oder beleidigen!**
  Mache keine geringschätzigen Äußerungen über deinen Gegner. Versuche nicht, ihn einzuschüchtern, ihm zu drohen oder Angst zu machen. Kritisiere sein Verhalten, aber werte ihn nicht persönlich ab.

- **Hilfe holen!**
  Sprich nicht eine anonyme Masse an, sondern einzelne Personen. Dies gilt sowohl für Opfer als auch für Zuschauende, die eingreifen wollen. Viele sind bereit, zu helfen, wenn jemand anderes den ersten Schritt macht oder sie persönlich angesprochen werden.

- **Unerwartetes tun!**
  Falle aus der Rolle, sei kreativ, und nutze den Überraschungseffekt zu deinem Vorteil aus.

- **Möglichst jeden Körperkontakt vermeiden!**
  Wenn du jemandem zu Hilfe kommst, vermeide es möglichst, den Angreifer zu attackieren. Es sei denn, ihr seid zahlenmäßig in der Überzahl, sodass ihr jemanden beruhigend festhalten könnt! Körperkontakt ist in der Regel eine Grenzüberschreitung, die zu weiterer Aggression führt. Wenn möglich, nimm lieber direkten Kontakt zum Opfer auf.

- **Keine Waffen!**
  Übe auf keinen Fall körperliche Gegenwehr aus, oder ziehe selbst eine Waffe.
  Viele glauben, dass eine Waffe in einer solchen Situation helfen könnte. Das Gegenteil passiert. Das Opfer bringt sich in eine noch gefährlichere Situation. Schnell sind auf der anderen Seite ebenfalls die Waffen gezückt, oder die eigene wird gegen dich selbst gerichtet. Der beste Schutz ist der grundsätzliche Verzicht auf Waffeneinsatz.

- **Gegebenenfalls das tun, was die anderen verlangen!**
  In einer aussichtslosen Situation kannst du das tun, was die Angreifer von dir verlangen. Die Geldbörse oder das Mobiltelefon auszuhändigen, ist dann vielleicht entspannter, als chancenlos darum zu kämpfen und schwere Verletzungen davonzutragen.

- **Gesichter merken!**
  Dir bleibt die Möglichkeit der Anzeigenerstattung. Eine Anzeige kann Schutz vor einer Wiederholungstat ermöglichen.

- **Nicht schweigen!**
  Wende dich nach einer erlebten Gewalttat an eine Person deines Vertrauens. Rede mit ihr über das Geschehen. Überlegt gemeinsam die nächsten Schritte.

Diese Regeln geben sicher eine sinnvolle Handlungsanleitung. Sie auswendig zu lernen, hilft jedoch nur begrenzt. Das Umsetzen dieser Regeln in entsprechenden Situationen sollte gut geübt werden!

Eingreifen und Handeln

Methode

Eingreiftypen: Schlange oder Löwe?

Zeit:
45 Minuten

Kurzbeschreibung:
Die Teilnehmenden sollen erkennen, dass es verschiedene Verhaltenweisen in Konflikten gibt. Anhand von Tiersymbolen ordnen sich die Teilnehmenden ihren Konflikttypen zu. Dabei erkennen sie, dass es nicht nur eine Verhaltensweise für sie gibt, häufig aber eine, die dominiert. Die Teilnehmenden beschreiben ihr eigenes Konfliktverhalten.

Ablauf:
Auf vier Bögen Papier werden die Tiere Schlange, Löwe, Schildkröte und Ameise aufgezeichnet und an verschiedenen Stellen im Raum aufgehängt. Die Teilnehmenden werden aufgefordert, kurz typische Verhaltensweisen der Tiere zu beschreiben, wenn sie auf ein Hindernis oder eine Bedrohung stoßen (z.B.: Löwe greift an – Schlange umschlängelt Hindernisse – Schildkröte verkriecht sich in ihr Haus – Ameisen holen Hilfe, um das Problem gemeinsam anzugehen).
Die Teilnehmenden sollen überlegen, wie sie in Konflikten reagieren, und sich dann zu einem der Tierplakate stellen. In diesen Kleingruppen beantworten nun die Teilnehmenden im Austausch folgende Fragen und halten die Antworten auf einem Plakat fest:
- *Beschreibe dein Konfliktverhalten genauer (z.B. Stimme, Wortwahl, Körperhaltung usw.).*
- *Beschreibe, wie andere Personen auf dein Verhalten in Konflikten reagieren.*

Auswertung:
Die Gruppen stellen ihre Arbeitsergebnisse im Plenum vor. Die Plakate werden unter die Tierbilder gehängt.

Tipps für die Anleitenden:
Die Tiere können von den Teilnehmenden in Kleingruppen selbst gemalt werden. Die Gruppe kann auch selbst weitere Tiere wählen mit typischen Verhaltensmustern in Konfliktsituationen.

Interventionstheater

Zeit:
45 Minuten

Kurzbeschreibung:
Die Teilnehmenden greifen mit unterschiedlichen Aufträgen in Konfliktsituationen ein. Sie sollen die gespielte Situation entschärfen und deeskalieren. Die Teilnehmenden werden feststellen, dass es viele verschiedene Eingreifmöglichkeiten, die auch zu ihrer Person passen, gibt und dass sie immer etwas tun können.

Ablauf:
Die Anleitenden suchen sich einen Teilnehmenden zum Rollenspiel aus oder spielen selber. Das Stück, welches vorgespielt wird, ist kurz und einfach. Es dreht sich um eine Konfliktsituation (z.B.: *Eine Person sitzt auf einem Stuhl mit ausgestreckten Beinen, eine andere Person kommt in den Raum und stolpert über die Beine. Der Sitzende steht auf, der andere bleibt stehen. Sie stehen jetzt Gesicht an Gesicht. Beide fangen an, sich zu beleidigen. Die Situation eskaliert, und sie beginnen sich gegenseitig zu schubsen …*). Durch ein lautes „Stopp!" der Anleitenden wird das Rollenspiel sofort beendet. Bevor diese kurze Situation erneut gespielt wird, werden die Teilnehmenden in vier Gruppen mit unterschiedlichen Aufträgen für ihre Intervention aufgeteilt.

A) Diese Gruppe bekommt den Auftrag, den gesehenen Konflikt „körperlich" zu deeskalieren.

B) Diese Gruppe bekommt den Auftrag, den gesehenen Konflikt mit „Reden" zu deeskalieren.

C) Diese Gruppe ist „schreckhaft auf der Flucht", wie kann sie trotzdem dazu beitragen, den Konflikt zu deeskalieren?

D) Diese Gruppe macht etwas „Unerwartet-Kreatives", sodass die beiden Streitenden so irritiert und abgelenkt sind, dass sie voneinander ablassen.

Die Gruppen beraten sich, wie sie mit ihrem Auftrag als Gruppe oder als Einzelne aus der Gruppe in die gesehene Situation eingreifen wollen. Dann wird die Szene nacheinander jeder Gruppe vorgespielt; diese sollen nun tätig werden. Das Eingreifen passiert als Rollenspiel. Zusammengefasst bedeutet das: Szene – erste Gruppe greift ein – Auswertung – Szene – zweite Gruppe greift ein – Auswertung – usw.

Auswertung:
Nach jedem Spiel bekommt die eingreifende Gruppe mit ihrem besonderen Auftrag ein Feedback.

Fragen an das Plenum:
- *Hat das Eingreifen gewirkt?*
- *Wurde die Situation deeskaliert?*
- *Wie wurde eingegriffen?*
- *Was war hinderlich? Was hat geholfen?*

Weitere Tipps für die Auswertung:

Gruppe **A) „körperlich"**
- nicht von hinten festhalten
- den Körper einzusetzen, ist sehr gefährlich, am besten nur bei Bekannten
- am besten Eingreifen zu zweit, jeder „schnappt" sich einen Angreifer, vor den Streitenden aufstellen
- Augenkontakt herstellen und damit gleichzeitig Augenkontakt zum Gegner brechen
- Aufmerksamkeit schaffen, die Hand geben, den Namen sagen
- einen Schritt nach vorne gehen, damit das Gegenüber einen Schritt nach hinten geht, die Gegner auf Distanz bringen
- nicht schlagen, festhalten oder würgen, jeder intensive Körperkontakt bringt die Situation zum Eskalieren

Eingreifen und Handeln

Gruppe B) „reden"
- Reden ist präventiv
- die Personen im Vorfeld in ein Gespräch verwickeln
- rechtzeitig zur Stelle sein
- frühzeitige Intervention: Wenn wir wissen, dass die beiden Stress miteinander haben, kann einer der beiden schon an der Türe abgefangen und in ein Gespräch verwickelt werden.

Gruppe C) „schreckhaft"
- Hilfe holen
- herumstehende Personen direkt ansprechen, damit sie eingreifen
- Weglaufen und Nichtstun, geht gar nicht!

Gruppe D) „kreativ"
- unendlich viele Möglichkeiten (*I Paradoxe Intervention*, S. 73, 118 ff.)
- etwas Unerwartetes zu tun, um andere abzulenken, kann auch im Vorfeld trainiert werden
- oft als Eingreifform unterschätzt, kann sehr wirkungsvoll sein

Tipps für die Anleitenden:
Die Anfangssituation kann gegebenenfalls auf besprochene und aktuelle Themen bezogen werden. Vielleicht wird der eine fertiggemacht, weil er billige Schuhe und keine Markenklamotten trägt, vielleicht auf Grund eines Vorurteils. Wichtig ist nur, dass es einen erkennbaren Aufbau der Eskalation gibt, damit realistisch geübt werden kann, zu welchem Zeitpunkt das beste Eingreifen passiert.

Weiterarbeiten zum Thema „Paradoxe Intervention", also das kreative Eingreifen gesondert üben. Üben, den Angreifer abzulenken, zu verwirren, ein kleines Fenster zu öffnen, um das Opfer aus der Situation herauszubringen. Beispielsweise so tun, als ob man das Opfer kennt und lange nicht mehr gesehen hat und sich nun unbedingt in ein Café mit ihm setzen möchte; nach der Uhrzeit fragen; fragen, wo der nächste Zigarettenautomat ist. Im Plenum können viele Möglichkeiten gesammelt und gleich ausprobiert werden.

Gesteuerte Rollenspiele

Zeit:
pro Spiel 20 Minuten

Kurzbeschreibung:
Die Teilnehmenden erleben eine gespielte und von den Anleitenden gesteuerte Situation, in der sie durch eigene Handlungen reagieren müssen. Die gespielten Darstellungen drehen sich um unterschiedliche Themen. Es dürfen sich möglichst viele Teilnehmende ausprobieren, sodass verschiedene Handlungsalternativen durchgespielt und die besten gesammelt werden können.

Ablauf:
Das Wichtigste an den gesteuerten Rollenspielen ist, dass die zentrale Rolle von den Anleitenden übernommen wird, die anderen Rollen dagegen von den Teilnehmenden. Der Stuhlkreis wird an einer Seite geöffnet. Diese freie Fläche wird die Bühne.

1. **M** *Das ist mein Platz* (S. 81)
2. **M** *Wutentbrannt* (S. 85)
3. **Was ist?** *Zwei Personen rempeln sich beim Gehen an. Der eine (gespielt von einem der Anleitenden) wird gleich aggressiv und schreit den anderen an: „Was ist?" Wie kann der Angegriffene reagieren?*
4. **Großes Kino:** *Zwei Personen sitzen wie im Kino auf Stühlen, einer hinter dem anderen. Der Hintere (gespielt von einem der Anleitenden) klopft mit dem Fuß gegen das Stuhlbein des Vorderen. Wenn der sich umdreht, tut er so, als ob er es nicht gewesen sei. Er streift ihm auch durch das Haar oder tippt ihn auf die Schulter. Was kann der Vordere machen?*
5. **Meine Freunde:** *Es gibt vier Stühle mit vier Personen. Die ersten beiden sind besetzt von Teilnehmenden, der dritte von einem der Anleitenden und der vierte wieder von einem Teilnehmenden. Die ersten drei sind dicke Freunde. Ein Ball geht im Stuhlkreis herum. Der Erste in der aufgestellten Viererreihe hat diesen in der Hand und stellt sich kurz vor. Dann gibt er ihn weiter etc. Als der Dritte mit seiner Vorstellung fertig ist, gibt er den Ball so weiter, dass der Vierte ihn nicht fangen kann, und er und seine Freunde lachen sich schlapp. Wie kann die Situation anders laufen? Wer kann wie anders handeln?*
6. **Weg mit dem Müll:** *Eine Person (gespielt von einem der Anleitenden) geht durch den Raum und verliert Papiermüll. Eine andere Person (ein Teilnehmender) sieht das und fordert dazu auf, das Papier aufzuheben. Die erste Person behauptet: „Ich war das nicht!" Wie kann es weitergehen? Hebt sie doch noch den Müll auf?*
7. **U-Bahn:** *Stühle werden wie im Zugabteil aufgestellt (zwei mal vier Stühle mit einiger Entfernung). Eine Person sitzt alleine im hinteren Abteil. Im vorderen Abteil sitzen vier Personen. Eine Person steht im Gang zwischen den beiden Sitzgruppen. Die Zugtür geht auf, und zwei Personen (eine davon gespielt von den Anleitenden) treten ein. Sie setzten sich zu der einen Person und beginnen sie zu belästigen. Was passiert? Wer handelt wie?*
8. **Beule Beule:** *Zwei Leute beginnen zu rangeln. Da bildet sich schnell ein Kreis von fünf Leuten. Sie feuern die beiden an. Einer von ihnen (gespielt von einem der Anleitenden) ist ganz besonders aggressiv. Er tritt sogar auf die beiden ein. Was passiert? Wer kann was machen?*

Eingreifen und Handeln

Auswertung:
Anschließend werden die Handlungen mit der Gruppe diskutiert und auf einem Plakat festgehalten. Der jeweils nächste Teilnehmende probiert eine neue Handlungsalternative aus. So werden einige Runden durchgespielt.

Zum Abschluss werden alle Handlungsalternativen vorgelesen, und es wird sich auf die drei besten geeinigt.

Tipps für die Anleitenden:
Der Anleitende sollte motivieren können und Spaß am Schauspielen haben. Die Kunst ist es, gleichzeitig die Handlungsmöglichkeiten der Teilnehmenden steuern zu können, falls sie etwas rabiat werden oder keine Ideen haben.

Konfliktlandkarte

Zeit:
30 Minuten

Kurzbeschreibung:
Die Teilnehmenden sammeln zahlreiche Beispiele von Situationen, in denen Zivilcourage nötig wäre. Nach kurzer Einigung zeichnen sie in Kleingruppen eine Landkarte. Diese Landkarte kann das Jugendhaus oder die Schule mit den sie umgebenden Straßen und Plätzen darstellen – oder auch einen Wohnblock/ein Wohnhaus mit Umgebung. Wichtig ist, dass die Gruppen viele Situationsbeispiele in ihre Karte kleben; insofern sollte der skizzierte Bereich möglichst groß sein.
Diese Beispiele werden dann in Rollenspielen abgearbeitet.
Schließen Sie **M** *Die Rollenspiele* (S. 131) an.

Ablauf:
Die Kleingruppe einigt sich auf einen regionalen Ausschnitt, der gezeichnet wird. Im Gegensatz zu den Beispielen darf dieser Ausschnitt auch fiktiv sein. Die Mitglieder zeichnen Orte ein (Häuser, Bahnhöfe/Haltestellen, Plätze, ...), an denen sie Konfliktsituationen beobachtet oder erlebt haben.
Sie beschreiben die Situation kurz auf einzelnen Kärtchen und kleben diese in ihre Karte.
Diese Beispielsammlungen aus dem alltäglichen Leben können für Rollenspiele zur Zivilcourage genutzt werden.

Variante:
Sie können vorher oder auch im Anschluss an die Rollenspiele die Informationen zum **KV** *Verhalten bei Bedrohungen* ... (S. 123) austeilen und besprechen.

Auswertung:
Die Kleingruppen stellen ihre Landkarten mit ihren Situationen vor.
Die Beispiele, die bearbeitet werden sollen, werden gesammelt und durchgespielt.

Tipps für die Anleitenden:
Es ist meist sehr unterschiedlich, wie viele Details einzelne Gruppen malen möchten, dabei können unterschiedliche Dynamiken entstehen. Es braucht eine Balance zwischen der Ungeduld der Grobmaler und dem Ernstnehmen der Feinzeichner.

Eingreifen und Handeln

Die Rollenspiele

Zeit:
180 Minuten

Kurzbeschreibung:
Zivilcourage in alltäglichen Konfliktsituationen wird in Rollenspielen trainiert.
Die Beispiele, mit denen gearbeitet werden soll, werden zusammengetragen. Ziel ist es, viele unterschiedliche konstruktive Handlungsalternativen auszuprobieren und die besten aufzuschreiben.
Die Situationen können Sie beispielsweise aus folgenden Übungen nehmen:
- *M Das war aber brenzlig!* (S. 56)
- *M Konfliktlandkarte* (S. 130)

Ablauf und Auswertung:
Von den Anleitenden oder gemeinsam werden einige Situationen ausgewählt und festgelegt, mit welchem Beispiel begonnen werden soll. Nach der Einführung in die Rollen und der Aufstellung der Situation beginnt das Spiel. Die Spielenden haben den Auftrag, jeweils möglichst konstruktive Handlungsalternativen zu entwickeln.
Im Anschluss an das Spiel werden Rückfragen von den Beobachtern aus dem Plenum geklärt, und die vorgestellte Handlungsmöglichkeit wird auf einem Plakat festgehalten. Dann wird das Spiel mit neuer Besetzung erneut aufgeführt. Es wird wie schon skizziert vorgegangen.
Dies wird so oft wiederholt, bis keine weiteren Ideen mehr vorhanden sind. Alle Handlungsvorschläge werden anschließend einmal vorgelesen. Die Gruppe entscheidet sich für die drei besten und begründet diese.

Jetzt wird ein neues Beispiel im Rollenspiel bearbeitet. Wenn die Gruppe es möchte und der Aufwand gering ist, können die Rollenspiele auch an anderen realistischen Schauplätzen gespielt werden.

Variante:
Sie können vorher oder auch im Anschluss an die Rollenspiele die Informationen zum *KV Verhalten bei Bedrohungen ...* (S. 123) austeilen und besprechen.

Tipps für die Anleitenden:
Die Anleitenden spielen in den Rollenspielen nicht mit. Sie leiten die Rollenspiele an und konzentrieren sich auf die Beobachtung und Auswertung. Die Anleitung von Rollenspielen kann im Anhang nachgelesen werden.

Täter-Opfer-Ausgleich

Zeit:
30–45 Minuten

Kurzbeschreibung:
In der direkten Begegnung zwischen Täter und Opfer soll eine Wiedergutmachung für entstandenen Schaden erreicht werden. Der Täter-Opfer-Ausgleich wird anhand eines Rollenspiels demonstriert und deutlich gemacht.
Mehr Informationen zum Täter-Opfer-Ausgleich finden Sie hier: http://de.wikipedia.org/wiki/Täter-Opfer-Ausgleich

Ablauf:
Die Rollen der Konfliktparteien und eines Vermittelnden werden verteilt. Zusätzlich benötigt man je zwei Beobachtende.

- *Zümra (Kevin) ist auf dem Schulweg von Mia (Abdul) abgezogen worden, sie (er) hat sich ihren (seinen) mp3-Player angeeignet. Da Zümras (Kevins) Vater Strafantrag gestellt hat, hat die Staatsanwaltschaft beide Parteien zur Täter-Opfer-Ausgleichsstelle geschickt.*
- *Mia (Abdul) und Zümra (Kevin) begeben sich auf die Einladung einzeln dorthin, evtl. in Begleitung der Eltern.*
- *Der Vermittelnde lässt sich den Vorfall von beiden Seiten schildern.*
- *Zümra (Kevin) macht einen Vorschlag, welchen Ausgleich Mia (Abdul) leisten soll, damit die Folgen ihrer (seiner) Tat wieder ausgeglichen sind.*
- *Dann werden beide vor den Vermittelnden geladen. Es findet ein Gespräch über den Ausgleich statt. Am Schluss muss Einigkeit über den Ausgleich erzielt werden, andernfalls geht der Fall ans Gericht.*

Der Vermittelnde muss neutral sein und darauf achten, dass beide Konfliktparteien gleichberechtigt ihre Sichtweisen und Interessen vorbringen können.

Auswertung:
Zuerst teilen die Beobachtenden ihre Wahrnehmung mit. Anschließend findet im Plenum ein Gespräch unter folgenden Fragestellungen statt:
- *Ist das Opfer zu seinem Recht gekommen?*
- *War der Vermittelnde neutral?*
- *Ist das Ergebnis realistisch?*

Tipps für die Anleitenden:
Das Rollenspiel nach Vorgabe dient dem Kennenlernen des Täter-Opfer-Ausgleichs. Danach kann mit authentischen Fällen, die von der Klasse genannt werden, in Rollenspielen weitergearbeitet werden, um die Methode einzuüben.

Tipps für Rollenspiele in der Trainingseinheit

1. Bühne
- symbolischer Aufbau der räumlichen Gegebenheiten
- kein detailverliebtes bühnenbildnerisches Arbeiten
- Schwerpunkt auf Standorten/Sitzplätzen/ Anordnungen
- Nachstellen der örtlichen Bedingungen (z.B. Lärm, Anzahl der Personen usw.)

2. Akteure
- Auswahl der Hauptakteure (durch den Trainer oder die Gruppe)
- Auswahl der anderen Akteure (durch Trainer, Hauptakteure oder die Gruppe)
- Freiwilligkeit prüfen
- Feststellung der Beobachter (Gruppe oder einzelne Personen/Aufgaben der Beobachter klären)
- Ausschluss von Einmischung der Beobachter während des Rollenspiels

3. Hinführen zur Rolle
- persönliches Ansprechen der Akteure durch den Trainer („Du bist jetzt ..." oder Anheften von Rollenkarten mit Krepp)
- Anleitung aller Akteure anhand rollenspezifischer Daten („Stellt euch vor ..." oder in der Spielgruppe kurz vorbereiten)
- Aufforderung an die Akteure, sich in die Rolle einzufühlen

4. Durchführung
- Startzeichen für das Rollenspiel durch den Trainer
- keine Einmischung von außen
- Trainer bleibt in der Nähe (... oder spielt schwierige Situationen mit)
- ggf. Abbruch durch Trainerintervention (z.B. bei übertriebenem Einsatz usw.)
- Schlusszeichen durch den Trainer („Stopp!", Klatschen)
- ggf. werden Sequenzen mehrfach wiederholt

5. Auswertung
- Akteure bleiben (auch räumlich) in der Situation ihrer Rolle (werden bei Rückfragen mit ihrem Rollenname angesprochen)
- Gruppe/Beobachter werden befragt („Was ist euch aufgefallen?", ...)
- Akteure werden befragt
- Hinweis auf übliche Rückmelderegeln (positiv formulieren usw.)
- neue Ideen von Handlungsweisen werden notiert

6. Nach dem Spiel
- Der Trainer entlässt die Akteure ausdrücklich aus ihren Rollen. („Der Hans ist jetzt wieder Hans", Krepp abnehmen ...)
- Applaus

7. Ausprobieren von neuen Handlungsideen
- Spiel beginnt von vorne mit neuen/alten Akteuren (3.–6.)
- Wiederholen, bis alle Ideen umgesetzt worden sind (Wer eine Idee hat, darf sie auch spielen.)
- Festhalten von guten Handlungsmöglichkeiten
- in den Rollenspielen gibt es auch die Möglichkeit, die eigene Rolle zu spielen (sensibel damit umgehen!)

Trainingsabläufe

Mögliche Kombination der unterschiedlichen Übungen

Schlussendlich kommen wir zu den „Kochrezepten". Wie lassen sich die verschiedenen Kapitel und die verschiedenen Übungen am besten kombinieren? Nicht immer haben wir fünf Tage und mehr, manchmal stehen auch nur ein bis drei Tage zur Verfügung …
Die Kombination der Übungen und der inhaltliche Aufbau sind variabel. Für die strukturelle (siehe auch S. 137) und inhaltliche Planung sind die folgenden Gesichtspunkte zu beachten.

Wesentliche Inhalte
Steht nur **ein Tag** zur Verfügung, sollten Teilnehmende vor allem lernen, was Zivilcourage ist. Das zentrale Kapitel „Zuschauende – Täter – Opfer" (S. 49) steht zu diesem Zweck im Mittelpunkt. Wenn wir **die Tage erweitern**, sind das erste Kapitel, „Zum Begriff von alltäglicher Gewalt" (S. 36) sowie „Zuschauende – Täter – Opfer" (S. 49), „Eingreifen und Handeln" (S. 118) wie auch einige Übungen zum Bereich „Angst und Mut" und „Aggression und Wut" zentral. In den zuletzt genannten werden Gefühle im Zusammenhang mit Zivilcourage verarbeitet. Vielen Menschen stehen die sprichwörtlichen Haare zu Berge, wenn sie an mit Zivilcourage verbundene Situationen denken. Sie entwickeln Angst und andere Gefühle, die sie am Eingreifen hindern. In vielen Situationen ist den Beteiligten gar nicht bewusst, dass Zivilcourage nötig wäre: Es geht ja nicht nur um Gewaltsituationen, sondern beispielsweise auch um die Angst, in Cliquen seine Meinung zu sagen, darum, aufzustehen gegen Ausgrenzung und anderes, wie auch darum, sich in Betrieben innerhalb einer Hierarchie für Gerechtigkeit stark zu machen. Wenn die Teilnehmenden aus anderen Zusammenhängen kommen und Gewalt weniger im Mittelpunkt steht, fangen wir mit dem Kapitel „Zuschauende – Täter – Opfer" (S. 49) an und stellen dann den Umgang mit Gefühlen wie „Angst und Mut" (S. 60) und anderen in den Mittelpunkt. Ganz zentral ist zu jedem Abschnitt des Lernens die Vorlage KV *Verhalten bei Bedrohungen ist erlernbar!* (S. 123). Bei diesem inhaltlichen Schwerpunkt werden unterschiedlichste Handlungsalternativen erlernt, erprobt und reflektiert. Die Teilnehmenden können nicht auf alle zukünftigen Situationen vorbereitet werden, es können ihnen aber möglichst viele Ideen vorgestellt werden.

Erweiterte Inhalte
Wenn wir von einem „Eisberg der Hinderungsgründe" ausgehen und diesen Berg zu 10 Prozent oberhalb der Wasseroberfläche sehen und zu 90 Prozent darunter, dann sind die Gefühle, Vorurteile, Werte und Erfahrungen das nicht Sichtbare. Sichtbar ist, wenn Menschen sich nach der Masse richten oder wenn sie einfach unaufmerksam sind und darum nicht handeln. Undurchsichtiger sind die Hinderungsgründe, die sich durch Gefühle, Werte, Einstellungen und Haltungen ergeben.

Eine tiefgreifende Entwicklung für mehr Zivilcourage erreichen wir durch die Kombination mit den beiden Kapiteln „Vorurteile und Urteile" (S. 87) und „Werte und Rechte" (S. 102). Diese Kapitel können als Vertiefung dienen, aber auch gesondert als eigene Trainingstage verwendet werden.

Auswahl der Methoden
Die Methoden sollten stets so ausgewählt werden, dass sie zu den Anleitenden und der Gruppe passen. Die genannten Variationen geben einen Hinweis auf mögliche Anpassungen und Abwand-

Trainingsabläufe

lungen. Sie sollten **abwechslungsreich** sein und auch den **spielerischen Spaßfaktor** beachten. Wichtige Ausführungen hierzu siehe „Train the trainer", S. 24 ff. Es ist außerdem sinnvoll, die einführenden Übungen zu verwenden. Dabei geht es gerade bei der Bearbeitung der unterschiedlichen Gefühle um eine persönliche und alltägliche Ebene. Die Inhalte werden so spürbarer, und die inhaltliche Vermittlung fällt leichter.
Gerade auch bei der Auswertung der Eingreifmöglichkeiten ist es wichtig, die Ideen in einen persönlichen Kontext zu stellen, um realistische Möglichkeiten zu erproben.

Trainingsablauf für drei Tage
(beispielhaft; ausführlich)

Erster Tag: Einstieg und Analyse

A) Rahmen schaffen:
Am ersten Tag ist es besonders wichtig, einen festen Rahmen für die anstehenden Seminartage zu schaffen. Dazu gehören, neben organisatorischen Dingen wie Pausenregelungen, auch ein gegenseitiges Kennenlernen und eine Verständigung über gemeinsame Regelungen in der Gruppe. Die bevorstehenden Inhalte sollten transparent gemacht werden. Gerade hier muss außerdem die Motivation der Teilnehmenden gefördert und gewonnen werden. Hierzu ausführliche Erklärungen im Kapitel „Train the Trainer" (S. 24).
- Begrüßung und einleitende Worte
- Pausenregelungen und Organisatorisches
- Vorstellung und Kennenlernen
- Erwartungen klären
- Runde zum Thema: *Wer bin ich? Was interessiert mich an dem Thema? Was erwarte ich?*
- Gemeinsame Regeln erarbeiten bzw. ggf. vorhandene Regeln wiederholen
Möglichkeit der Regelerarbeitung:
Sternball mit Variationen

B) Einstieg in das Thema Gewalt und Zivilcourage:
Inhaltlich wird hier mit dem Thema Gewalt begonnen. Eine differenzierte Betrachtungsweise erleichtert die spätere Analyse und Einschätzung von Notsituationen.
- *M Markplatz* (S. 40)
- *M Gewaltbarometer* (S. 42)

C) Spielerische Auflockerungsübung:
Zwischen inhaltlichen Einheiten bietet es sich an, kleinere spielerische Übungen einzusetzen. Dies lockert die Stimmung auf, schafft Vertrauen und steigert auf eine spaßige Weise die Motivation der Teilnehmenden. Hier ein Beispiel:
- *M Ähm-Spiel*
  Alle sitzen im Kreis. Ein Stuhl ist frei, und eine Person steht in der Mitte. Sie versucht, sich auf den freien Stuhl zu setzen. Die Person, die links neben dem freien Stuhl sitzt, ruft den Namen einer Person aus dem Kreis, die dann den Platz wechselt. Schafft es die Person, die in der Mitte steht, sich auf den freien Platz zu setzen, bevor eine andere beim Namen gerufen wurde, darf sie sitzen bleiben. Es geht für die Person, die den Platz wechselt, nicht darum, möglichst schnell dort zu sein, sondern darum, ihren Namen gehört zu haben, bevor die Person, die in der Mitte steht, sich gesetzt hat.

D) Betrachtung, Analyse, Einschätzung von möglichen Notsituationen:
Grundlegend für das Trainieren unterschiedlicher Handlungskompetenzen zur Förderung zivilcouragierten Verhaltens ist die Kompetenz, Situationen einschätzen und beurteilen zu können. Darüber hinaus können durch die Reflektion eigener Erfahrungen nützliche Erkenntnisse für ein späteres Handeln gewonnen und schon hier mehr Sicherheit und Vertrauen in eigene Handlungen entwickelt werden. Die gesammelten eigenen Situationen und Gefühle der Beteiligten können als Themenspeicher verwendet

und im Verlauf des Trainings immer wieder aufgegriffen werden.
- ▌ ⟨M⟩ *Zuschauende – Täter – Opfer*, mit Variation Statuen (S. 49)
- ▌ ⟨M⟩ *Das war aber brenzlig!* mit Auswertung durch das Analysemodell (S. 56)

E) Kooperationsübung:
Bei dieser gruppenstärkenden Übung erhält die Gruppe einen gemeinsamen Auftrag von der anleitenden Person. Dieser Auftrag kann nur gemeinsam erfolgreich erfüllt werden.
- ▌ ⟨M⟩ *Reise nach Timbuktu*
  Die anleitende Person erzählt von ihrem Nebenjob als König/in von Timbuktu (sie kann sich Kreppband als Krone auflegen) und fragt die Klasse, wo das liegt. In dieses herrliche Land möchte sie die Klasse gerne einladen zur Safari, doch bei der Reise muss die Klasse sich als teamfähig beweisen: Erreichen nicht alle aus der Klasse das Land, wird der Rest auch wieder hinausgeworfen.

Regeln:
- ▌ Jeder nimmt sich einen Stuhl und sucht sich einen Platz im Raum.
- ▌ Bedingung ist, dass keine Insel entsteht, sondern alle Stühle so zueinander stehen, dass mit einem Schritt ein anderer Stuhl erreichbar ist.
- ▌ Jetzt darf sich jeder auf seinen Stuhl stellen. Der Stuhl darf nun nicht mehr bewegt werden.
- ▌ Nun zieht die Lehrkraft die Grenze zu Mali mit einem Stück Kreppband (ca. 70 cm) vor einem eher abseits gelegenen Stuhl: Diese Grenze muss von jedem aus der Klasse überschritten werden.
- ▌ Die Reise geht über die Stühle, wobei jeder unbesetzte Stuhl von der Anleitung entfernt wird.
- ▌ Die Stühle können mit Händen, Füßen oder wie auch immer besetzt werden.
- ▌ Die Schüler können sich nun beraten und sagen Bescheid, wenn es losgehen soll.

F) Feedback des Tages und Ausblick:
Durch einen gemeinsamen Abschluss durch ein Feedback kann der Tag noch einmal reflektiert werden, und ggf. können Methoden der Gruppe angepasst werden.
- ▌ ⟨M⟩ *Daumenprobe*
  Die Teilnehmenden schließen die Augen und zeigen mit beiden Daumen an, wie sie den Tag gefunden haben. Wenn alle Daumen ausgerichtet wurden, können sie die Augen öffnen und schauen, wie die Stimmung bei den anderen ist.

Zweiter Tag: Umgang mit Aggressionen und deeskalative Gesprächstechniken

A) Begrüßung und Einstieg:
Was war gestern? Was passiert heute?

B) Umgang mit Aggressionen und Wut:
Gefühle spielen in den am Vortag gesammelten und reflektierten Situationen eine große Rolle. Sie zeigen uns an, wie wir selber die Situation einschätzen, und geben einen Hinweis, was wohl im Gegenüber vor sich gehen könnte. Aggressionen und Wut sind wesentliche Elemente, die zu einer weiteren Eskalation beitragen können. Der erste Schritt besteht darin, dass ein Umgang mit der eigenen Wut gefunden wird.
- ▌ ⟨M⟩ *Burning Björn* (S. 74)
- ▌ ⟨M⟩ *Wutpalme* (S. 75)

C) Spielerische Auflockerung:
- ▌ ⟨M⟩ *Obstsalat*
  Jeder Teilnehmende bekommt eine von vier Obstsorten zugeordnet. Eine Person aus dem Stuhlkreis hat keinen Platz. Diese sagt eine Obstsorte, daraufhin wechseln z.B. alle Äpfel den Platz. Die Person muss schnell sein und einen Platz ergattern. Die Person, die dann keinen Platz hat, macht weiter. Zusätzlich darf auch Obstsalat gerufen werden, dann stehen alle auf und suchen sich einen neuen Platz.

Trainingsabläufe

D) Möglichkeiten der Deeskalation:
Zur Einübung unterschiedlicher deeskalierender Handlungskompetenzen sind grundlegende Überlegungen durchzuführen. Es ist nützlich, zu wissen, wie Situationen immer mehr eskalieren können. Erst daraus können sich sinnvolle Eingreifmöglichkeiten ergeben. Bis zu einem gewissen Grad der Eskalation können zum einen die M KV *Ich-Botschaften* (S. 82–84) nützlich sein, zum anderen aber auch die Möglichkeit, jemanden zu beruhigen.
- M *Schritt für Schritt in den Abgrund* (S. 77) (*Was kann ich wann überhaupt noch machen?*)
- M *Das ist mein Platz* (S. 81)
- M *Ich-Botschaften* (S. 82)
- M *Wutentbrannt* (S. 85)

E) Feedback des Tages und Ausblick:
- M *Daumenprobe* (S. 138)

Dritter Tag: Erproben von Eingreifen und Handeln

A) Begrüßung und Einstieg:
Was war gestern? Was passiert heute?

B) Auflockerung und Einführung in Rollenspiele:
- M *Theaterübung*
  Die Teilnehmenden stellen nacheinander die Bühnengegenstände oder/und beteiligten Personen dar. Schritt für Schritt entsteht ein Theaterstück, während der Anleitende das Geschehen skizziert. Es sollten möglichst fast siebzig Prozent der Teilnehmenden involviert sein.

  Mögliches Szenario:
  Der Vorhang geht auf (zwei Personen), die Sonne geht auf, die Bäume knarren im Wind, ein Reh springt durch den Wald, ein Hase hoppelt durch den Wald und schnuppert an den Bäumen, eine Försterin betrachtet die Bäume – stolpert über den Hasen und bleibt auf dem Boden liegen, drei Vögel zwitschern durch den Wald und setzen sich auf die Försterin ...

C) Einführung – Eingreifen und Handeln:
Ziel eines Trainings ist es, die Teilnehmenden auf unterschiedliche Situationen vorzubereiten. Nicht alle zukünftigen Situationen können besprochen werden, aber es können vielfältige Ideen und Handlungsalternativen vorgestellt und erprobt werden, um in zukünftigen Situationen eben auf diese zurückgreifen zu können. Durch die Reflektion unterschiedlicher Eingreiftypen und Eingreifkategorien wird der Horizont erweitert.
- M *Eingreiftypen: Schlange oder Löwe?* (S. 125)
- M *Interventionstheater* (S. 126)

D) Erprobung und Entwicklung unterschiedlicher Handlungsalternativen:
In der letzten inhaltlichen Einheit werden gelernte und weitere Formen des Eingreifens innerhalb unterschiedlicher Rollenspiele erprobt. Hierbei kann besonders auf die bereits gesammelten Themen der Teilnehmenden eingegangen werden.
- M *Gesteuerte Rollenspiele* (S. 128) (mit drei unterschiedlichen Situationen)
- M *Die Rollenspiele* (S. 131)

E) Auswertung der Tage:
Am Ende der Seminartage sollte ein positiver Abschluss stehen. Ziel ist es, wesentliche Punkte des Seminars noch einmal zu durchdenken und Erkenntnisse zu festigen.
- M *Der Gewinner ist ...* (S. 69)
  Die Übung kann so abgewandelt werden, dass die Urkunden auf die Trainingstage bezogen werden. Themen der Urkunden könnten sein: besondere Erkenntnisse, kreative Lösungen, Mut, aber auch schauspielerisches Talent oder Pünktlichkeit.

Trainingsablauf für fünf Tage
(kurze Skizze)

Auflockernde sowie kooperative Übungen sollten zwischendurch immer mal wieder eingesetzt werden, damit Spaß und Motivation nicht verloren gehen. Einige Vorschläge dafür finden Sie im ausführlichen 3-Tages-Programm (S. 137); diese können natürlich auch hier durchgeführt werden. Vergessen Sie auch hier nicht die tägliche einführende Runde: *Was war gestern? Was wird heute passieren?* Pausen, Auflockerungen und Kooperationsübungen. Auch eine Reflektion am Ende des Tages ist essenziell. Ideen hierfür finden Sie ebenfalls im 3-Tages-Programm (S. 137).

Erster Tag: Einstieg und Analyse

A) Rahmen schaffen:
- Begrüßung und einleitende Worte
- Vorstellung und Kennenlernen
- Erwartungen klären
- Runde zum Thema: *Wer bin ich? Was interessiert mich an dem Thema? Was erwarte ich?*

B) Betrachtung von Gewalt, Analyse von Situationen und Themenspeicher:
- M *Zwei Gegenstände zur Gewalt* (S. 41)
- M *Macht- und Ohnmachtskreis* (S. 54)
- M *Das war aber brenzlig!* (S. 56)
- M *Gewaltbarometer* (S. 42)
- M *Gemeinsam stark* (S. 59)

Zweiter Tag: Die Gefühle Angst, Mut und Wut

A) Gefühle – Angst und Mut:
- M *Austausch über eigene Ängste* (S. 63)
- M *Ich habe mich eingesetzt, obwohl ich Angst hatte* (S. 64)
- M *Mutmachgeschichte – Das Kopftuch* (S. 66)

B) Gefühl – Wut:
- M *Burning Björn* (S. 74)
- M *Wutpalme* (S. 75)
- M *Das ist mir wichtig!* (S. 80)

Dritter Tag: Werte und Entscheidungen

- M *Schritt für Schritt in den Abgrund* (S. 77)
- M *Entscheidung – welcher Wert ist mir wichtiger?* (S. 107)
- M *Wertesammlung* (S. 109)
- M *Gruppenzugehörigkeiten* (S. 98)

Vierter Tag: deeskalierende Gesprächstechniken

A) Ich-Botschaften: sich selber mitteilen:
- M *Das ist mein Platz* (S. 81)
- M *Ich bin – du bist* (S. 82)
- KV *Ich-Botschaften*, KV *Du-Botschaften umformulieren in Ich-Botschaften* (S. 83–85)

B) Zuhören – den anderen verstehen:
- M *Wutentbrannt* (S. 85)
- M *Licht in den Tunnel* (S. 86)

Fünfter Tag: Eingreifen und Handeln

- M *Schreibe dein eigenes Drehbuch* (S. 122)
- M *Eingreiftypen: Schlange oder Löwe?* (S. 125)
- M *Interventionstheater* (S. 126)
- M *Gesteuerte Rollenspiele* (S. 128) (mit drei unterschiedlichen Situationen)
- M *Die Rollenspiele* (S. 131)

Auswertung der Tage:
- M *Der Gewinner ist ...* (S. 69)
  Bezogen auf das Seminar: Urkunden für besondere Erkenntnisse, gutes schauspielerisches Talent, gute Ideen, Erfahrungen, ...

Trainingsabläufe

Zwei Trainingstage zu den Themen Vorurteile, Werte und Rechte

Auflockernde sowie kooperative Übungen sollten zwischendurch immer mal wieder eingesetzt werden, damit Spaß und Motivation nicht verloren gehen. Einige Vorschläge dafür finden Sie im ausführlichen 3-Tages-Programm (S. 137); diese können natürlich auch hier durchgeführt werden. Vergessen Sie auch hier nicht die tägliche einführende Runde: *Was war gestern? Was wird heute passieren?*

Auch eine Reflektion am Ende des Tages ist essenziell. Ideen hierfür finden Sie ebenfalls im 3-Tages-Programm (S. 137).

Erster Tag: Urteile und Vorurteile

- M *Der Denker* (S. 92)
- M *Die Insel Albatros* (S. 93)
- M *Nutzen und Gefahren von Vorurteilen* (S. 95)
- M *Gruppenzugehörigkeiten* (S. 98)
- M *Jungs sind … Mädchen sind …* (S. 99)
- M *Kulturpyramide* (S. 100)

Zweiter Tag: Werte und Rechte

A) Werte:
- M *Entscheidung – Welcher Wert ist mir wichtiger?* (S. 107)
- M *Wertesammlung* (S. 109)

B) Rechte:
- M *Menschenrechte* (S. 110–116)
- M *Suchen nach Verbündeten* (S. 117)

Methodenübersicht

Zum Begriff von alltäglicher Gewalt

Marktplatz 40
Zwei Gegenstände zur Gewalt 41
Gewaltbarometer 42
Der Gewaltsack 43
Fragen zur eigenen Erfahrung mit Gewalt ... 46
Statuentheater 47

Zuschauende – Täter – Opfer

Macht- und Ohnmachtskreis 54
Was geht eigentlich in denen vor?
Täter – Opfer – Zuschauende 55
Das war aber brenzlig! 56
Das hat doch System 58
Gemeinsam stark 59

Angst und Mut

Austausch über eigene Ängste 63
Ich habe mich eingesetzt, obwohl ich
Angst hatte 64
Mutmachgeschichte – Das Kopftuch 66
Der Gewinner ist 69

Aggression und Wut

Burning Björn 74
Wutpalme 75
„Die Wutpalme" 76
Schritt für Schritt in den Abgrund 77
Das ist mir wichtig! Das Panorama
der Lebensfreude 80
Das ist mein Platz 81
Ich bin – du bist 82
Wutentbrannt 85
Licht in den Tunnel 86

Vorurteile und Urteile

Der Denker 92
Die Insel Albatros 93
Nutzen und Gefahren von Vorurteilen ... 95
Eigene Vorurteile 96
Gruppenzugehörigkeiten 98
Jungs sind ..., Mädchen sind 99
Kulturpyramide 100

Werte und Rechte

Entscheidung – Welcher Wert ist mir
wichtiger? 107
Wertesammlung 109
Ansprüche, Erwartungen,
Menschenrechte 110
Umgang mit Menschenrechten 113
Suchen nach Verbündeten –
Das Umgebungs-Hilfenetz 117

Eingreifen und Handeln

Schreibe dein eigenes Drehbuch 122
Eingreiftypen: Schlange oder Löwe? ... 125
Interventionstheater 126
Gesteuerte Rollenspiele 128
Konfliktlandkarte 130
Die Rollenspiele 131
Täter-Opfer-Ausgleich 132

3. Teil Wichtige Hinweise

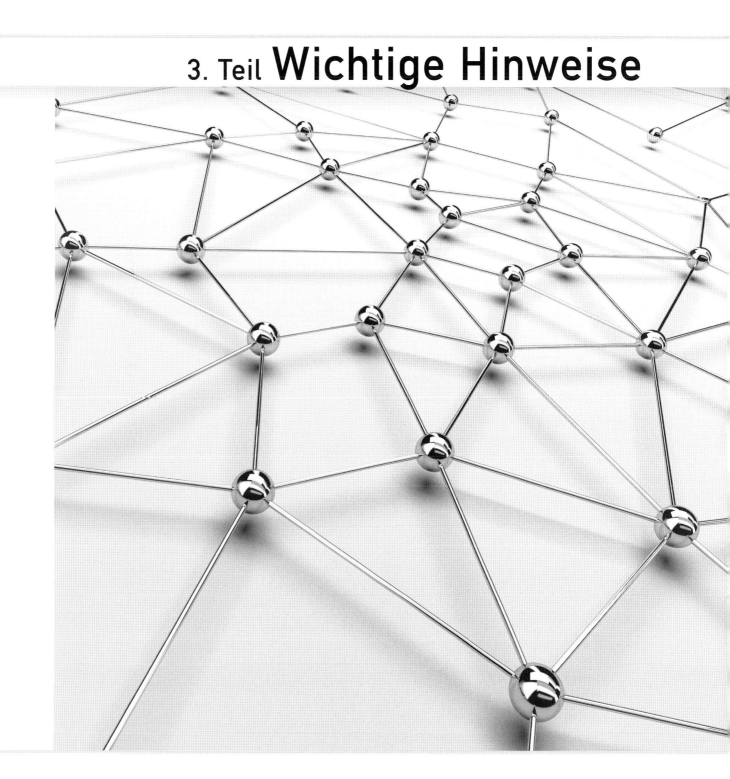

Verankerung im Schulleben

Sinnvolle Einführung in ein Gesamtsystem

Zivilcourage-Kurse sind sehr hilfreich und bringen einzelne Menschen wie auch eine ganze Gruppe sehr viel weiter. Ein Zivilcourage-Training sollte trotzdem **kein isoliertes Einzelprojekt von wenigen Tagen** sein. Im bestehenden System einer Schule oder Jugendeinrichtung oder auch eines Stadtteils kann ein Training sehr gut mit anderen Projekten und Inhalten verknüpft werden. Bleibt es bei einem Training, so ist es wie mit einem Kometen, der nach seinem Aufstieg schnell wieder erlischt. Das Ziel muss bei einem ersten Training vielmehr auch sein, weitere Maßnahmen zu etablieren, um **Nachhaltigkeit, systemische Veränderung der strukturellen Bedingungen** und **Verbesserung der gesamten Konfliktkultur** herzustellen. Zu den vielen Möglichkeiten werden hier wichtige Beispiele aufgezeigt.

Zivilcourage im Unterricht – Vorschläge zur thematischen Einbindung

Ein Training über drei oder fünf Tage ist ein sehr guter Einstieg, um eine Klasse oder Gruppe für das Thema zu sensibilisieren. Haben sich bestimmte Themen innerhalb der Gruppe als besonders wichtig herauskristallisiert, können diese in darauffolgenden Einzeltagen bearbeitet werden. Weiterhin gibt es die Möglichkeit, Zivilcourage als Thema in die Unterrichtsfächer einer Schule oder Gruppenarbeiten eines Jugendzentrums zu integrieren. Ob in offensichtlichen Fächern wie Politik, Geschichte und Ethik oder in Fremdsprachenkursen, Kunst oder Naturwissenschaften – es gibt viele Möglichkeiten, Zivilcourage zu thematisieren. Durch die Einbettung des Themas in unterschiedliche Unterrichtsfächer können die Jugendlichen sich nachhaltig mit Zivilcourage befassen, den Zusammenhang zu ihrer Lebenswelt erkennen und ihr persönliches Interessenfeld bearbeiten.

Thematische Unterrichtsempfehlungen (Beispiele):

Deutsch
- Biografien berühmter zivilcouragierter Menschen (z.B. Geschwister Scholl, Mahatma Gandhi, Martin Luther King, Nelson Mandela)
- Gedichte, z.B. von Bertolt Brecht, Kurt Tucholsky
- Argumentationstraining gegen Stammtischparolen

Politik/Geschichte
- Widerstand in der NS-Zeit/anderen historisch-politischen Umständen
- Diskussion: Zivilcourage und Gewalt – geht das zusammen? (z.B. Graf von Stauffenberg, Che Guevara – ist das zivilcouragiert?)
- Zivilcourage und Gesetze: Ist u.a. eine Sitzblockade Nötigung?

Verankerung im Schulleben

Gesellschaft
- Menschenrechtsorganisationen, wie z.B. attac, Amnesty International
- Verkehrsbetriebe: „Peace-Maker" – Schüler engagieren sich als Streitschlichter im Nahverkehr[75]
- Schule ohne Rassismus – Schule mit Courage (SOR-SMC)[76]

Englisch
- Widerstand gegen den Vietnamkrieg
- Widerstand gegen den Irakkrieg
- Die Überwindung des Apartheid-Regimes in Südafrika
- Bürgerrechte nach dem 11. September 2001
- Biografien von zivilcouragierten Menschen (z.B. Martin Luther King, Nelson Mandela, Gandhi)
- Alle Fremdsprachen: Die Themen in der jeweiligen Sprache diskutieren

Sport
- Olympische Spiele. Thema Vorbilder: Welche Vorbilder haben sich aktuell entwickelt, und wie bewerten wir ihr Verhalten? Thema Diskriminierung: Olympische Spiele 1968 in Mexiko. Die Siegerehrung mit zwei schwarzen Athleten sorgte für einen Eklat. Regel 61 der Olympischen Charta lässt keinen Zweifel: „Jede politische, religiöse oder rassistische Demonstration oder Propaganda ist an den olympischen Sportstätten untersagt." Beispiel Emil Zatopek: Als anerkannter Laufsportler mit Rekorden, die nie wieder erreicht wurden, stellte er sich 1968 als Armeeoffizier unbewaffnet den Panzern der Warschauer-Pakt-Staaten in Prag entgegen.
- Die Biografie Muhammed Alis

Religion
- Christlicher Widerstand im Dritten Reich (Martin Niemöller, Dietrich Bonhoeffer)
- Rolle der Kirche bei der friedlichen Revolution in der DDR, Montagsdemonstrationen im Anschluss an Friedensgebete in der Leipziger Nikolaikirche

Musik
- Die Swingjugend als oppositionelle Jugendkultur in vielen deutschen Großstädten während der NS-Diktatur. Eine Ausdrucksmöglichkeit und Abgrenzung gegen die nationalsozialistische Gesellschaft, hauptsächlich gegen die Hitlerjugend.
- Rock gegen Rechts. Das erste Rock-gegen-Rechts-Festival fand am 16. Juni 1979 in Frankfurt am Main auf dem Rebstockplatz statt. Es war eine Antwort auf ein „Deutschlandtreffen" der NPD.

Kunst
- „Entartete Kunst" im Dritten Reich
- Kunst als Widerstandsmedium
- Erdkunde
- Auswirkungen der Globalisierung weltweit

Physik
- Auseinandersetzung mit friedlicher und militärischer Nutzung der Kernenergie und dem Widerstand dagegen, insbesondere Jugendwiderstand

Systemische Einführung für Zivilcourage – Öffentlichkeit herstellen

Die Bedingungen für Zivilcourage werden besser, je mehr Öffentlichkeit und Strukturen darauf ausgerichtet sind.
Um eine Vielzahl an Beteiligten zu erreichen, ist es empfehlenswert, nicht nur mit einer Gruppe oder einer Klasse zu Zivilcourage zu arbeiten, sondern mit vielen. Innerhalb einer Schule kann beispielsweise **strukturell eingeführt werden**, dass immer der gesamte neunte Jahrgang dem Thema Zivilcourage gewidmet ist. Dieser Jahrgang kann dann jedes Jahr zu Beginn ein Zivilcourage-Training durchführen und zusätzlich Themen im Unterricht behandeln. Solch eine Schulentscheidung sollte nicht nur von der Leitung, sondern durch die gesamte Schulgemeinschaft getroffen werden. Lehrerkonferenz, Elternrat und Schülervertretung sollten ins Boot geholt werden. Die Schülerzeitung kann darüber berichten, die Schulwebsite darüber informieren. Je mehr schulinterne Öffentlichkeit hergestellt ist und je mehr sich die Schule als Ganzes mit der Etablierung identifiziert, desto größer die Chance der erfolgreichen Einführung.

Schülermediation – Streitschlichtung

Zivilcourage kann durch die Einführung der Schülermediation verstärkt werden. Kinder und Jugendliche sind als Vermittelnde in ihrer Rolle festgelegt und bekannt. Sie können direkt angesprochen werden, wenn einem allein der Mut fehlt, zur Lehrkraft zu gehen. Und die Schülermediation ist ein wertvoller Bestandteil einer partizipativen Konfliktkultur.[77] Im letzten Jahrzehnt wurde dieses Modell stetig weiterentwickelt, evaluiert und verbessert, sodass es an die wachsenden Belastungen im Schulalltag angepasst wurde.

Partizipation

Mitbestimmung und Mitverantwortung der Jugendlichen bedeutet nicht, dass die Lehrkräfte und Erwachsenen gänzlich unbeteiligt sein sollen. Im Gegenteil. Beteiligung macht Sinn, wenn sie von Erwachsenen professionell begleitet wird. Die Mitbestimmung und Beteiligung von Schülern erfordert in erster Linie ein Umdenken der Lehrkräfte, wobei ihre Haltung gegenüber den Schülern von großer Bedeutung ist. Die Lehrkräfte und vor allem die Schulleitung müssen den Raum und die Rahmenbedingungen schaffen, damit die Kinder und Jugendlichen ihre eigenen demokratischen Erfahrungen sammeln können. Untersuchungen von Mauthe und Pfeiffer[78] haben ergeben, dass die Interessenvertretung der Schülerschaft dort am ehesten dauerhaft aktiv ist, wo sie durch Schulleitung, Verbindungslehrkräfte und andere Lehrende mit stabilisiert wird. Somit ist diese Interessenvertretung abhängig auch von ihrer Förderung durch die Lehrkräfte. Mit diesem Verständnis bedeutet „Demokratie lernen" eine Herausforderung, sowohl für die beteiligten Schüler wie auch für die Institution Schule. Einige der bewährten Modelle zur **Verbesserung der Partizipationsstrukturen** werden hier kurz erläutert:

- **Qualifizierung der Schülervertretung**
  Es gibt Fortbildungen für Klassensprecher wie auch für Schulsprecherteams, um die Kompetenzen für ihre Rolle und Aufgaben zu stärken.[79] Vermittelt werden Moderationstechniken, Verfahren zur Meinungsbildung und Entscheidungsfindung, Gesprächstechni-

Verankerung im Schulleben

ken, konstruktive Konfliktlösung, Strategieentwicklung und Organisation. Zudem werden ihre Rechte und Pflichten als Schülervertretung innerhalb der Schule geklärt, was oft notwendig ist. Auch hier gilt es, nicht nur die Jugendlichen zu stärken, sondern ihnen strukturell auch zu ermöglichen, ihre Aufgaben gut wahrzunehmen. Dementsprechend werden die Verbindungslehrkräfte mit fortgebildet und ggf. gecoacht. Auch das Gesamtkollegium bekommt eine kleine Fortbildung dazu, was die Aufgaben der Schülervertretung sind – und was gerade nicht. Um dieses Beteiligungsgremium nachhaltig zu stärken, werden die Klassen schon vor der Klassensprecherwahl über die Fortbildungen und Aufgaben informiert. So wird meist verhindert, dass nur die Beliebtesten als Klassenvertretung gewählt werden, und die Wahl derjenigen unterstützt, die motiviert sind, sich zu engagieren. Ist das Projekt erst einmal etabliert, können die Schulsprecher selbst Teile der Fortbildung übernehmen. Nach und nach kann **die Schülerschaft sich selbst viel besser vertreten**. Sie werden von den Erwachsenen als ernstzunehmender Gesprächspartner und von den Klassen als ernst zu nehmende Vertretung ihrer Anliegen wahrgenommen und erlebt. Jugendliche werden zu vertrauten Ansprechpersonen in schwierigen Situationen, zudem kann zivilcouragiertes Handeln von Jugendlichen selbst organisiert werden.

Einführung und Aufbau des Klassenrats
Zivilcourage braucht einen guten Nährboden und eine konstruktive Konflikt- und Kommunikationskultur im Alltäglichen. Der Klassenrat ist als **lebendiges Selbstbestimmungsorgan** für die Jugendlichen ein gutes Instrument hierfür. Ausgebildete Schülermoderatoren führen den Klassenrat in festgelegten Wochenstunden. Hier werden aktuelle Themen der Klasse behandelt, Organisatorisches geplant, es gibt Raum, um über Probleme in der Klasse oder zwischen Klasse und Lehrkräften zu sprechen und gemeinsame Lösungen zu finden. Ein gut geführter Klassenrat bedeutet, den Umgang miteinander, das Lernklima, die Klassenkultur und die Schulkultur zum Besseren zu verändern. Der Klassenrat sollte nicht beliebig in einzelnen Klassen eingeführt werden, sondern **aufbauend im System der Schule**. Auf diesem Wege wächst das Instrument über die nächsten Jahre, weil es immer in den Jahrgängen 5 und 6 von der ganzen Stufe angewendet wird. So kommen alle Klassenlehrkräfte damit in Kontakt, wenn sie nach einiger Zeit wieder mit einer Klasse 5 oder 6 beginnen. Im Klassenrat bekommen die Klassensprecher die Zeit, Meinungen der Klasse einzuholen, um sie im Schülerrat zu vertreten, wie auch Informationen aus den Gremien in die Klasse zu tragen.[80] Wie bei allen anderen Projekten, sollte eine große Öffentlichkeit hergestellt werden, sodass die Entscheidung zur nachhaltigen Einführung des Klassenrats von allen Gremien getragen wird.

Demokratische und soziale Gestaltung einer Einrichtung

Die demokratische und soziale Gestaltung von Schule/Jugendeinrichtung sollte heute umfassender angelegt sein, nicht „nur" eine Stärkung der Schülervertretung. Sie muss auf die Entwicklung und Stärkung von sozialer Interaktion, Kommunikation, Partizipation, sozialem Engagement, Diskurs, Wertereflektion und vernetzendem Wissen abzielen.[81] **Aufeinander aufbauende Präventionskonzepte** für die unterschiedlichen Jahrgänge sind äußerst sinnvoll. Diese Entwicklungsbereiche sollten im Schulprogramm verankert sein, bezogen auf den Unterricht, das Schulleben und die außerschulischen Lernumgebungen.

3. Teil – Wichtige Hinweise

Zivilcourage im System

Das Thema Zivilcourage lässt sich relativ leicht in den Unterricht einbinden. Da jedoch die persönliche Handlung als größter Faktor für Zivilcourage steht, Personen im System ihre Rollen haben und auch strukturelle Bedingungen so viel Gewicht einnehmen, sind die anderen hier genannten Projekte sehr viel wichtiger, wenn sich eine Schule, eine andere Einrichtung oder ein Betrieb wirklich verändern sollen.

Nur zu schnell glauben wir an die Leuchtkraft eines Kometen und geben leicht unserem gewohnten Alltag wieder nach, scheuen den Aufwand und bekommen auch viele Gegenargumente – wie beispielsweise die nicht unerheblichen Kosten. Auch die Zeit und der Unterrichtsausfall werden immer wieder schnell genannt, um die neuen ungewohnten Abläufe zurückzuweisen. Die größte Chance liegt jedoch in einem Neuaufbruch, der gut geplant ist, alle mit einbezieht und über einen langen Zeitraum durchgehalten wird. Die nachhaltigen Veränderungen von eingespielten Systemen sind eine Aufgabe, die einen langen Atem braucht.

Das Institut für konstruktive Konfliktaustragung und Mediation (ikm)

Gründung des Instituts

Das Institut für konstruktive Konfliktaustragung und Mediation wurde als gemeinnütziger Verein von verschiedenen Bildungseinrichtungen in Hamburg in den 90er-Jahren gegründet.
Der Selbstmord eines Jugendlichen in Hamburg-Neuwiedenthal begründete die Idee, zivilcouragiertes Handeln zu fördern und gewaltpräventiv tätig zu werden. Der junge Mann wurde monatelang von Gleichaltrigen beraubt und erpresst. Er konnte seine Situation nicht ertragen und entschied sich, sein Leben zu beenden. Viele andere Fälle von Gewalt, insbesondere unter Kindern und Jugendlichen, motivierten die Gründer zu einem gemeinsamen Vorgehen für Zivilcourage und einer Stärkung der sozialen Kompetenzen.

Das Institut arbeitet in folgenden Bereichen

Das ikm hat den Anspruch, unterschiedlichen Zielgruppen in unterschiedlichen Arbeitsfeldern die Möglichkeiten einer konstruktiven Konfliktaustragung zu vermitteln. Diese konstruktive Konfliktaustragung ist nach Ansicht des ikm auf mehreren Ebenen möglich. Auf der ersten besteht die Möglichkeit, **Formen des eigenen Umgangs mit Konflikten** zu erlernen und zu erproben.

Auf der zweiten lässt sich lernen, wie man jemanden bei einer konstruktiven Austragung **unterstützt**. Das ikm versucht nicht nur, den Umgang mit Konflikten in zwischenmenschlichen Beziehungen zu bearbeiten, sondern legt ebenfalls einen Schwerpunkt auf die **politische Netzwerk-**

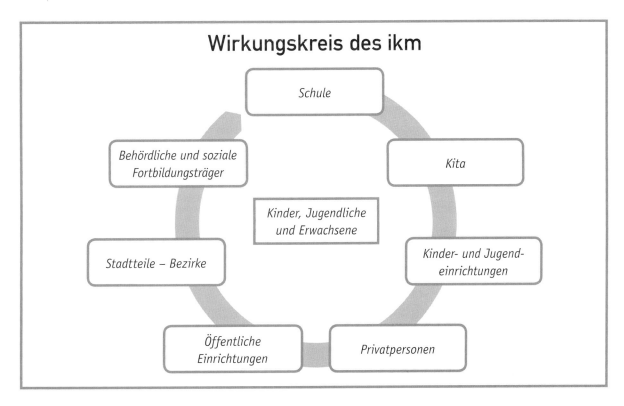

Wirkungskreis des ikm

arbeit, die eine konstruktive Konfliktaustragung auf einer weiteren Ebene ermöglicht. Konflikte finden häufig an sozialen Orten statt. Sie sind nicht zwangsläufig nur Einzelkonflikte, sondern die jeweilige Kultur bestimmt einen Teil der Austragungsformen. Um auch hier wirkungsvoll zu arbeiten, sind Netzwerke ein Instrument, mit dem sich lokal der konstruktive Umgang mit Konflikten stärken lässt. Auf diesem Wege können sich dann auf einer vierten Ebene auch **strukturelle Voraussetzungen** ändern, sodass mehr Beteiligung und Chancengleichheit für den Ausbau von Gerechtigkeit sorgt.

Grundsatz

Ein wichtiger Grundsatz des ikm ist es, Menschen zu befähigen, **Verantwortung für ihre Konflikte zu übernehmen** und **eigenständig damit umgehen zu können**. Die Projekte des ikm sind so angelegt, dass die Projektpartner auf Dauer selbstständig die jeweiligen Projekte durchführen können bzw. auch Nachfolgern das erlernte Wissen vermitteln.

Arbeitsbereiche

Zivilcourage, Mediation, Gewaltprävention, Sicherheit im öffentlichen Raum, Partizipation, Anti-Bias – Umgang mit Vorurteilen und Diskriminierung, Lernen ohne Angst und Friedenspädagogik gehören u.a. zu dem Spektrum der Tätigkeiten und Angebote.

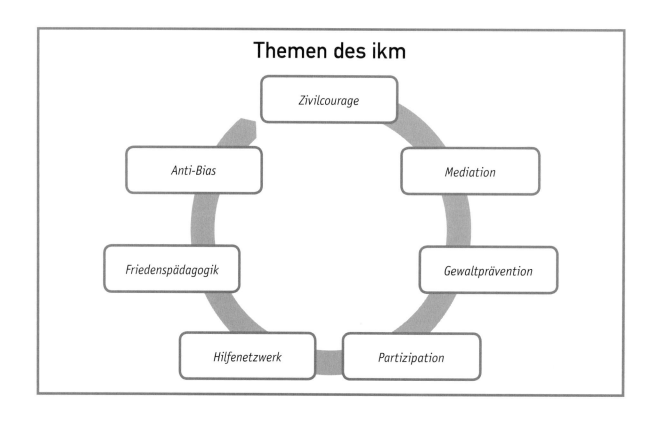

Das Autoren-Team

Dieter Lünse, Dipl. Sozialökonom *(Jahrgang 1960)*

Im Jahr 1998 gründete er das Institut für konstruktive Konfliktaustragung und Mediation (ikm e.V.), das er seitdem auch leitet. Im Rahmen seiner dortigen Tätigkeit baute er den Fachkreis Gewaltprävention auf, in dem er sich u.a. mit den Themen Zivilcourage, Mediation, Gewaltprävention und Umgang mit Gewalt und Konflikten im Sozialraum beschäftigte. Hierzu entwickelte er mehrere Programme, die großflächig in verschiedenen Schulen und Stadtteilen umgesetzt wurden.

Katty Nöllenburg, Ethnologin, Dipl. Sozialpädagogin, Ausbilderin für Mediation und Konfliktmoderation in Gruppen *(Jahrgang 1979)*

Seit 2008 leitet sie gemeinsam mit Dieter Lünse das ikm, koordiniert dort alle Projekte und entwickelt Qualitätsstandards und neue Konzepte für die Bildungs- und Konfliktlandschaft. Sie ist Bildungsreferentin für die Schwerpunkte Interkulturelle Kompetenzbildung (Anti-Bias Ansatz), Zivilcourage, Partizipation und Gewaltprävention im schulischen und außerschulischen Kontext. Sie führt Lehrer- und Erwachsenenfortbildungen durch, wie auch Konfliktmoderationen und Großgruppenmoderationen.

Jörg Kowalczyk, Sozialpädagoge, Schulsozialarbeiter, Diakon und Mediator *(Jahrgang 1960)*

Er arbeitete viele Jahre lang mit gewaltbereiten Jugendlichen in verschiedenen Projekten und Einrichtungen. Seine Schwerpunkte sind Partizipationsmodelle als Rahmen für demokratisches und gewaltfreies Handeln sowie Trainings, Fortbildungen und Seminare in konstruktiver Konfliktaustragung, Zivilcourage und Mediation. Neben seiner Aufgabe als Bildungsreferent beim ikm ist er an einer integrierten Gesamtschule in unterschiedlichen Schulentwicklungsprojekten tätig.

Florian Wanke, Dipl. Sozialwirt und Mediator *(Jahrgang 1980)*

In seiner Arbeit als Bildungsreferent leitet er Seminare u.a. zu den Themen Zivilcourage, Demokratie und Menschenrechte, Konfliktaustragung und Interkultureller Kompetenzbildung. Außerdem unterstützt er Kinder und Jugendliche innerhalb vielfältiger Partizipationsprojekte dabei, ihre Bedürfnisse und Interessen zu formulieren und durch demokratische Strukturen äußern zu können. Zusätzlich arbeitet er als Mediator und Moderator.

Literaturverzeichnis

Aktion Kinder- u. Jugendschutz, Landesarbeitsstelle Schleswig-Holstein: **Demokratie lernen – Zivilcourage zeigen. Praxishilfe zur Prävention von Rechtsextremismus.** AKJS, 2002.

Altenburg, Marion: **Die Kunst, Konflikte produktiv zu lösen. Sensibilisierungsprogramm für die Klassen 7 und 8. Materialien zum Unterricht.** Amt für Lehrerbildung, 2005. ISBN 3-883-27529-8

Amnesty International: **Allgemeine Erklärung der Menschenrechte 2008.** Im Internet unter: www.amnesty.de/alle-30-artikel-der-allgemeinen-erklaerung-der-menschenrechte

Anne-Frank-Zentrum Berlin (Hrsg.): **„Das sind wir" 2. Ein interkulturelles Lernprojekt für Jugendliche.** Aktion Kinder- und Jugendschutz, 1998.

Anti-Defamation-League (Hrsg.) Bertelsmann Stiftung: **Eine Welt der Vielfalt – Praxishandbuch.** 3. überarbeitete Aufl. Verlag Bertelsmannstiftung, 2004. ISBN 3-892-04832-0

Arendt, Hanna: **Eichmann in Jerusalem. Ein Bericht von der Banalität des Bösen.** Piper Verlag, 1986. ISBN 3-492-20308-6

Bandura, Albert: **Lernen am Modell.** Klett-Cotta, 1976. ISBN 3-129-20590-X

Bastian, Johannes; Combe, Arno; Langer, Roman: **Feedbackmethoden.** Beltz Verlag, 2007. ISBN 978-340-725468-9

Bastian, Till: **Zivilcourage: von der Banalität des Guten.** 2. Aufl. Rotbuch Verlag, 1996. ISBN 3-880-22375-0

Bauriedl, Thea; Wölpert, Friedrich: **Warum nicht Frieden?** In: Psychologie heute. Vermiedene Konflikte führen zum Krieg. 1984, S. 26 f.

Bierhoff, Hans-Werner: **Handlungsmodelle für die Analyse von Zivilcourage.** In: Dovermann, Ulrich; Frech, Siegfried; Gugel, Günther; Meyer, Gerd: Zivilcourage lernen: Analysen – Modelle – Arbeitshilfen. Institut für Friedenspädagogik Tübingen e.V., 2004. ISBN 978-3-93244-413-5

Blum, Eva; Blum, Hans-Joachim: **Der Klassenrat. Ziele, Vorteile, Organisation.** Verlag an der Ruhr, 2006. ISBN 978-3-8346-0060-8

Boal, Augusto: **Theater der Unterdrückten. Übungen und Spiele für Schauspieler und Nicht-Schauspieler.** Suhrkamp Verlag, 1989. ISBN 978-3-5181-1361-5

Buber, Martin: **Das dialogische Prinzip bei Martin Buber.** Lambert Schneider, 1973. ASIN B00409F6C4

Brockmann, Rolf; Mühr, Stefan (Hrsg.): **Zivilcourage. Namibische, südafrikanische und deutsche Aspekte eines aktuellen Begriffs.** Klaus Hess Verlag, 2002. ISBN 3-933-1170-11

Canetti, Elias: **Masse und Macht.** Bd. 3. Fischer Verlag, 1994. ISBN 3-596-13512-5

Cohn, Ruth; Therfurth, Christina (Hrsg.): **Lebendiges Lehren und Lernen. TZI macht Schule.** Klett-Cotta, 1993. ISBN 3-608-95547-X

Czwalina, Johannes: **Wer mutig ist, kennt die Angst.** Brendow, 2008. ISBN 978-3-86506-212-3

Derman-Sparks, Louis: **Anti-bias curriculum: tools for empowering young children.** National Association for the Education of Young Children, 1989. ISBN 093598920X

Engelmann, Reiner; Engelmann, Anne; Herz, Otto (Hrsg.): **Zivilcourage JETZT!** Arena Verlag, 2002. ISBN 3-401-02081-1

Fachkreis Gewaltprävention (Hrsg.): **Konflikte und Gewalt 4, Präventive Konzepte, praktische Hilfen, Adressen.** Fachkreis Gewaltprävention, 2009.

Fogelman, Eva: **Wir waren keine Helden. Lebensretter im Angesicht des Holocaust.** Motive, Geschichten, Hintergründe. Deutscher Taschenbuch Verlag, 1998. ISBN 3-423-30641-6

Frohloff, Stefan: **Gesicht zeigen! Handbuch für Zivilcourage.** Bundeszentrale für politische Bildung, 2001. ISBN 3-893-31431-8

Galtung, Johan: **Strukturelle Gewalt. Beiträge zur Friedens- und Konfliktforschung.** Rowohlt Taschenbuch Verlag, 1982. ISBN 3-499-11877-7

Glasl, Friedrich: **Konfliktmanagement. Ein Handbuch für Führungskräfte.** Beraterinnen und Berater. 6. Aufl. Verlag Freies Geistesleben, 1999. ISBN 3-258-03977-1

Grosse-Oetringhaus, Hans-Martin: **Kids in Action. Mutmach-Geschichten und Mitmach-Geschichten.** Horlemann, 2005. ISBN 978-3-89502-208-1

Grün, Arno: **Der Verlust des Mitgefühls. Über die Politik der Gleichgültigkeit.** Deutscher Taschenbuch Verlag GmbH & Co, 1997. ISBN 3-423-35140-3

Gugel, Günther: **Handbuch Gewaltprävention. Für die Grundschule und die Arbeit mit Kindern. Grundlagen – Lernfelder – Handlungsmöglichkeiten.** Institut für Friedenspädagogik, 2008. ISBN 978-3-932444-22-7

Gugel, Günther: **Handbuch der Gewaltprävention II. Für die Sekundarstufen und die Arbeit mit Jugendlichen. Grundlagen – Lernfelder – Handlungsmöglichkeiten.** Institut für Friedenspädagogik, 2010. ISBN 978-3-932444-52-4

Handschuck, Sabine; Klawe, Willy: **Interkulturelle Verständigung in der Sozialen Arbeit.** Juventa, 2004. ISBN 3-779-90376-8

Hänsel, Rudolf; Hänsel, Renate (Hrsg.): **Da spiel ich nicht mit! Auswirkungen von „Unterhaltungsgewalt" in Fernsehen, Video- und Computerspielen – und was man dagegen tun kann.** Eine Handreichung für Eltern und Lehrer. Auer GmbH, 2007. ISBN 978-3-403-04268-6

von Hentig, Hartmut: **Die Menschen stärken, die Sachen klären. Ein Plädoyer für die Wiederherstellung der Aufklärung.** Reclam, 2003. ISBN 978-3-150-08072-6

Hermann, Angela; Meyer, Gerd: **… normalerweise hätt' da schon jemand eingreifen müssen. Zivilcourage im Alltag von BerufsschülerInnen.** Wochenschau Verlag, 1999. ISBN 978-3-879-20486-1

Heuer, Wolfgang: **Couragiertes Handeln.** Zu Klampen Verlag, 2002. ISBN 978-3-934920-13-2

Hurrelmann, Klaus; Rixius, Norbert; Schirp, Heinz: **Gewalt in der Schule. Ursachen – Vorbeugung – Intervention.** Beltz, 1996. ISBN 978-3407-22050-9

Institut für Konstruktive Konfliktaustragung: **Schule Macht Demokratie. Qualifizierung der SchülerInnenvertretung. Hintergrund und Praxis.** Institut für konstruktive Konfliktaustragung und Mediation, 2007.

Literaturverzeichnis

Jochheim, Gernot: **Frauenprotest in der Rosenstraße Berlin 1943: Berichte, Dokumente, Hintergründe.** Hentrich und Hentrich, Berlin 2002. ISBN 3-933-47126-5

Kaeding, Peer; Richter, Jens; Siebel, Anke; Vogt, Silke: **Mediation an Schulen verankern. Ein Praxishandbuch.** Beltz Verlag, 2005. ISBN 978-3-407-62537-3

Kasiske, Jan; Krabel, Jens; Reddy, Anita (Hrsg.): **Vom Süden lernen. Erfahrungen mit einem Antidiskriminierungsprojekt und Anti-Bias-Arbeit.** INKOTA-netzwerk e.V., 2002.

Keller, Stefan: **Grueningers Fall. Geschichten von Flucht und Hilfe.** Rotpunktverlag, 1993. ISBN 3-858-69157-7

Korn, Judy; Mücke, Thomas: **Gewalt im Griff. Deeskalations- und Mediationstraining.** Bd. 2. Beltz Verlag, 2000. ISBN 3-779-92018-2

Korn, Judy; Mücke, Thomas: **Gewalt im Griff. Band 2: Deeskalations- und Mediationstraining.** Beltz, 2000. ISBN 3-407-55845-7

Kosmala, Beate: **Zivilcourage in extremer Situation: Retterinnen und Retter von Juden im „Dritten Reich" (1941–1945).** In: Meyer, Gerd; Dovermann, Ulrich; Frech, Siegfried; Gugel, Günther (Hrsg.): Zivilcourage lernen: Analysen – Modelle – Arbeitshilfen. Bundeszentrale für politische Bildung, 2004. ISBN 3-893-31537-3

Kühne, Ulrich: **Mutige Menschen. Frauen und Männer mit Zivilcourage. Persönlichkeiten aus Politik und Kultur.** Sandmann Verlag, 2006. ISBN 978-3-938045-55-8

Lange, Erhard: **Zivilcourage im öffentlichen Dienst in Vergangenheit und Gegenwart.** Fachhochschule des Bundes für Öffentliche Verwaltung, 2002. ISBN 3-930-73291-2

Latané, Bibb; Darley, John M.: **The unresponsive bystander: Why doesn't he help?** Prentice Hall, 1970.

Lünse, Dieter; Ranau, Joachim: **Projekthandbuch. Ideen, Anleitungen und Materialien zur Gewaltprävention in Schulen und Jugendeinrichtungen.** Institut für konstruktive Konfliktaustragung und Mediation, 2005.

Lünse, Dieter; Baisch, Volker; Rohwedder, Jörg: **Zivilcourage. Anleitung zum kreativen Umgang mit Konflikten und Gewalt.** 3. überarb. Aufl. Agenda Verlag, 2001. ISBN 3-929-44072-5

Maroshek-Klarmann, Uki; Ulrich, Susanne; Henschel, Thomas; Oswald, Eva: **Miteinander – Erfahrungen mit Betzavta. Ein Praxishandbuch für die politische Bildung.** Verlag Bertelsmann Stiftung, 2008. ISBN 978-3-892-04817-6

Mauthe, A.; Pfeiffer, Hans: In: Palentien, Christian; Hurrelmann, Klaus (Hrsg.): **Schülerdemokratie. Mitbestimmung in der Schule.** Luchterhand, 2003. ISBN 978-3-472-03437-7

Meyer, Gerd: **Lebendige Demokratie: Zivilcourage und Mut im Alltag, Forschungsergebnisse und Praxisperspektiven.** Nomos-Verlag, 2004. ISBN 3-832-90444-1

Nagel, Thomas: **Möglichkeiten des Altruismus.** PHILO Fine Arts, 2005. ISBN 978-3-865-72066-5

Palentien, Christian; Hurrelmann, Klaus (Hrsg.): **Schülerdemokratie. Mitbestimmung in der Schule.** Luchterhand, 2003. ISBN 978-3-472-03437-7

Riemann, Fritz: **Grundformen der Angst. Eine tiefenpsychologische Studie.** Reinhardt, 2009. ISBN 978-3-497-00749-3

Rosenberg, Marshall: **Gewaltfreie Kommunikation. Eine Sprache des Lebens.** Junfermann, 2007. ISBN 978-3-873-87454-1

Schirp, Heinz: In: Palentien, Christian; Hurrelmann, Klaus (Hrsg.): **Schülerdemokratie. Mitbestimmung in der Schule.** Luchterhand, 2003. S. 50. ISBN 978-3-472-03437-7

Schneider, Peter: **„Und wenn wir nur eine Stunde gewinnen …". Wie ein jüdischer Musiker die Nazi-Jahre überlebte.** Rowohlt Verlag, 2001. ISBN 3-871-34431-1

Semelin, Jacques: **Ohne Waffen gegen Hitler. Eine Studie zum zivilen Widerstand in Europa.** dipa-Verlag, 1995. ISBN 3-763-80324-6

Seubert, Sandra: **Zivilcourage als bürgerliche Tugend der Zivilgesellschaft.** In: Dovermann, Ulrich; Frech, Siegfried; Gugel, Günther; Meyer, Gerd: Zivilcourage lernen. Institut für Friedenspädagogik Tübingen e.V., 2004. ISBN 3-932-44413-2

Shinar-Zamir, Nivi: **ABC der Demokratie. Demokratie-Erziehung für Kinder vom Kindergarten bis zur 6. Klasse.** Edition AV, 2006. ISBN 3-936-04961-0

Singer, Kurt: **Zivilcourage wagen. Wie man lernt sich einzumischen.** Ernst Reinhard Verlag, 1997. ISBN 3-492-22552-7

Struck, Peter: **Gegen Gewalt. Über den Umgang junger Menschen mit sich und anderen.** Wissenschaftliche Buchgesellschaft, 2007. ISBN 978-3-534-19623-4

Thäger, Katrin: **Zivilcourage. In Projekten lernen. Handreichung für Lehrerinnen und Lehrer.** Mit einem Geleitwort von Friedrich Schorlemmer. Volk-und-Wissen-Verlag, 2001. ISBN 3-061-02330-5

Ulrich, Susanne: **Achtung (+) Toleranz. Wege demokratischer Konfliktregelung.** Praxishandbuch für die politische Bildung. Verlag Bertelsmann Stiftung, 2006. ISBN 978-3-892-04823-7

Villigster Gewaltakademie: **Impulse, Übungen und Spiele.** Bd. 2. 2003.

Welzer, Harald: **Täter. Wie aus ganz normalen Menschen Massenmörder werden.** S. Fischer, 2006. ISBN 978-3-5961-6732-6

Welzer, Harald: **Woher weiß man, was sich gehört?** In: Gewaltfreie Aktion. Vierteljahresheft für Frieden und Gerechtigkeit 39. Heft 150, 2007. S. 8–17. ISSN 00169390

Welzer, Harald; Moller, Sabine; Tschuggnall, Karoline: **Opa war kein Nazi. Nationalsozialismus und Holocaust im Familiengedächtnis.** Fischer Taschenbuch Verlag, 2005. ISBN 978-3-596-15515-6

Wette, Wolfram: **Zivilcourage: Empörte Helfer und Retter aus Wehrmacht, Polizei und SS.** Fischer Taschenbuch Verlag, 2004. ISBN 3-596-15852-4

World Health Organisation (WHO)-Weltbericht: **Gewalt und Gesundheit.** WHO, 2002. ISBN 9-415-9351-2

Fußnoten

1 Fogelman, E.: Wir waren keine Helden. Deutscher Taschenbuch Verlag, 1998.

2 Vgl. Kosmala, B.: Zivilcourage in extremer Situation. Bundeszentrale für politische Bildung, 2004.

3 Heuer, W.: Couragiertes Handeln. zu Klampen Verlag, 2002.

4 Vgl. Welzer, H.: Woher weiß man, was sich gehört? 2007.

5 Jochheim, G.: Frauenprotest in der Rosenstraße. Hentrich & Hentrich, 1993.

6 Arendt, H.: Eichmann in Jerusalem. Piper Verlag, 1986.

7 Semelin, J.: Ohne Waffen gegen Hitler. dipa-Verlag, 1995.

8 Meyer, G.: Lebendige Demokratie: Zivilcourage und Mut im Alltag. Nomos Verlag, 2004.

9 Ebd.

10 Vgl. Seubert, S.: Zivilcourage als bürgerliche Tugend der Zivilgesellschaft. In: Meyer, G. et al.: Zivilcourage lernen. Institut für Friedenspädagogik Tübingen e.V., 2004.

11 Buber, M.: Das dialogische Prinzip. Lambert Schneider, 1973. S. 215.

12 Ebd.

13 Canetti, E.: Masse und Macht, Neuausgabe. In: Werke Bd. 10, Fischer Verlag, 1994.

14 Buber, M.: Das dialogische Prinzip, Heidelberg 1973.

15 Vgl. Kasiske, J. et al.: Vom Süden lernen. Erfahrungen mit einem Antidiskriminierungsprojekt und Anti-Bias-Arbeit. INKOTA-netzwerk e.V., 2002.

16 Vgl. Cohn, Ruth C.: Lebendiges Lehren und Lernen. Klett-Cotta, 1993.

17 Vgl. Rosenberg, M.: Gewaltfreie Kommunikation. Junfermann, 2007.

18 Siehe Kapitel „Vorurteile und Urteile". S. 84 ff.

19 Siehe Kapitel „Aggression und Wut", S. 70 f.

20 Vgl. Villigster Gewaltakademie: Impulse, Übungen und Spiele. Bd. 2, 2003.

21 Vgl. Bastian, J. et al.: Feedbackmethoden. Beltz Verlag, 2007.

22 Vgl. Hurrelmann, K. et al.: Gewalt in der Schule. Beltz Verlag, 1996.

23 Vgl. Hänsel, R. et al.: Da spiel ich nicht mit. Auer Gmbh, 2007.

24 Vgl. Gugel, G.: Handbuch der Gewaltprävention II. Institut für Friedenspädagogik, 2010.

25 Zitat eines Teilnehmers im Seminar, aus: Lünse, D. et al.: Projekthandbuch, Hamburg 2005.

26 Vgl. Bierhoff, H.-W.: In: Meyer, G.: Zivilcourage lernen. Nomos Verlag, 2004.

27 Ebd.

28 Vgl. Galtung, J.: Strukturelle Gewalt. Rowohlt Taschenbuch Verlag, 1982.

29 Vgl. WHO-Weltbericht: Gewalt und Gesundheit. WHO, 2002.

30 Vgl. Korn, J. et al.: Gewalt im Griff. Beltz Verlag, 2005.

31 Nach Galtung (1982) ist die stärkste Form der strukturellen Gewalt die kulturelle Gewalt, die verinnerlicht werden kann. Aus Komplexitätsgründen lassen wir diese Form bei der Bearbeitung des Gewaltbegriffs mit Jugendlichen weg.

32 siehe auch die Hinweise der Polizei zum Thema Waffen u.a. www.berlin.de/imperia/md/content/polizei/service/waffen/flyer_ef.pdf oder örtliche Polizeidienststellen

33 siehe auch die Hinweise der Polizei zum Thema Waffen u.a. www.berlin.de/imperia/md/content/polizei/service/waffen/flyer_ef.pdf oder örtliche Polizeidienststellen

34 Galtung, J.: Strukturelle Gewalt. Rowohlt Taschenbuch Verlag, 1975; 9.

35 Weltbericht Gewalt und Gesundheit. Zusammenfassung, Kopenhagen, WHO-Regionalbüro für Europa, 2003: 6.

36 Nach Galtung, J.: Strukturelle Gewalt. Rowohlt Taschenbuch Verlag, 1975; S. 9.

37 In der pädagogischen Literatur gibt es unterschiedliche Diskussionen über die Sinnhaftigkeit und die Verwendung der Begriffe Opfer und Täter. Zur Verdeutlichung der extremen Dynamik in brenzligen Situationen und zur Vereinfachung des Leseflusses werden diese Begriffe hier verwendet.

38 Vgl. Bandura, A.: Lernen am Modell. Klett-Cotta, 1976.

39 Vgl. Korn, J. et al.: Deeskalations- und Mediationstraining. Beltz Verlag, 2000.

40 Vgl. Breithaupt, F.: Kulturen der Empathie. Suhrkamp Taschenbuch, 2009.

41 Vgl. Meyer, G., 2004 & Latané, B.; Darley, J.M, 1970.

42 Vgl. Lünse, D.; Ranau, J.: Projekthandbuch. Ideen, Anleitungen und Materialien zur Gewaltprävention in Schulen und Jugendeinrichtungen. Institut für konstruktive Konfliktaustragung und Mediation, 2005. S. 34.

43 Vgl. Lünse D.; Rohwedder, J.; Baisch, V.: Anleitung zum kreativen Umgang mit Konflikten und Gewalt. Agenda Verlag, 2001. S. 58–60.

44 Vgl. Riemann, F.: Grundformen der Angst. Reinhardt, 2009.

45 Bauriedl, T.; Wölpert, F.: Warum nicht Frieden? In: Psychologie heute. Vermiedene Konflikte führen zum Krieg. 1984, S. 26 f.

46 Vgl. Lünse, D.; Baisch, V.; Rohwedder, J.: Zivilcourage. Anleitung zum kreativen Umgang mit Konflikten und Gewalt. Agenda Verlag, 2001. S. 65.

47 Vgl. Grosse-Oetringhaus, H.-M.: Kids in Action, Mutmach-Geschichten und Mitmach-Geschichten. Horlemann, 2005. S. 68 ff.

48 Grosse-Oetringhaus, H.-M.: Kids in Action, Mutmach-Geschichten und Mitmach-Geschichten. Horlemann, 2005.

49 Vgl. Bandura, A.: Lernen am Modell. Klett-Cotta, 1976.

Fußnoten

50 Vgl. Glasl, F.: Konfliktmanagement. Ein Handbuch für Führungskräfte, Beraterinnen und Berater. Verlag Freies Geistesleben, 1999.

51 Vgl. Struck, P.: Gegen Gewalt. Über den Umgang junger Menschen mit sich und anderen. Wissenschaftliche Buchgesellschaft, 2007.

52 Vgl. Lünse, D.; Ranau, J.: Projekthandbuch. Ideen, Anleitungen und Materialien zur Gewaltprävention in Schulen und Jugendeinrichtungen. Institut für konstruktive Konfliktaustragung und Mediation, 2005. S. 25.

53 Vgl. u.a.: www.konfliktberatung.verwaltung.uni-mainz.de/124.php

54 Vgl. Lünse, D.; Ranau, J.: Projekthandbuch. Ideen, Anleitungen und Materialien zur Gewaltprävention in Schulen und Jugendeinrichtungen. Institut für konstruktive Konfliktaustragung und Mediation, 2005. S. 28 f.

55 Vgl. Rosenberg, M.: Gewaltfreie Kommunikation. Eine Sprache des Lebens. Junfermann, 2007. S. 212.

56 Vgl. Derman-Sparks, L.: Anti-bias curriculum: tools for empowering young children. National Association for the Education of Young Children, 1989.

57 Vgl. Kasiske, J.; Krabel, J.; Reddy, A. (Hrsg.): Vom Süden lernen. Erfahrungen mit einem Antidiskriminierungsprojekt und Anti-Bias-Arbeit. INKOTA-netzwerk e.V., 2002.

58 Vgl. Handschuck, S.; Klawe, W.: Interkulturelle Verständigung in der Sozialen Arbeit. Juventa, 2004.

59 Der erweiterte Kulturbegriff, der hier im Kontext verwendet wird, bezieht sich auf die Definition des Anne-Frank-Zentrums in Berlin und legt sich wie folgt fest: „Kultur ist nicht nur im Sinne von ethnischer oder nationaler Herkunft zu verstehen. Vielmehr besteht jede Gesellschaft aus zahlreichen, sich ständig verändernden Teilkulturen. Diese werden bestimmt vom sozialen Milieu, der regionalen Herkunft, dem Geschlecht, der Generation, dem Glauben, der sexuellen Orientierung … Jeder Mensch ist somit Träger unterschiedlicher Kulturen." „Das sind wir" 2, Anne-Frank-Zentrum Berlin, Aktion Kinder- und Jugendschutz, 1998.

60 Vgl. Meyer, G.: Lebendige Demokratie: Zivilcourage und Mut im Alltag, Forschungsergebnisse und Praxisperspektiven. Nomos-Verlag, 2004.

61 Siehe nächstes Kapitel.

62 Vgl. Ulrich, S.: Achtung (+) Toleranz. Wege demokratischer Konfliktregelung. Praxishandbuch für die politische Bildung. Verlag Bertelsmann Stiftung, 2006.

63 Vgl. Ulrich, S.: Achtung (+) Toleranz. Wege demokratischer Konfliktregelung. Praxishandbuch für die politische Bildung. Verlag Bertelsmann Stiftung, 2006.

64 Vgl. Handschuck, S.; Klawe, W.: Interkulturelle Verständigung in der Sozialen Arbeit. Juventa, 2004.

65 Vgl. Maroshek-Klarmann, U.; Ulrich, S.; Henschel, T.; Oswald, E.: Miteinander – Erfahrungen mit Betzavta. Ein Praxishandbuch für die politische Bildung. Verlag Bertelsmann Stiftung, 2008.

66 Vgl. Anti-Defamation-League (Hrsg.) Bertelsmann Stiftung: Eine Welt der Vielfalt – Praxishandbuch. 3. überarbeitete Aufl. Verlag Bertelsmann Stiftung, 2004.

67 Vgl. Anti-Defamation-League (Hrsg.) Bertelsmann Stiftung: Eine Welt der Vielfalt – Praxishandbuch. 3. überarbeitete Aufl. Verlag Bertelsmann Stiftung, 2004.

68 Vgl. Lünse, D.; Baisch, V.; Rohwedder, J.: Zivilcourage. Anleitung zum kreativen Umgang mit Konflikten und Gewalt. Agenda Verlag, 2001. S. 116.

69 Vgl. Maroshek-Klarmann, U.; Ulrich, S.; Henschel, T.; Oswald, E.: Miteinander – Erfahrungen mit Betzavta. Ein Praxishandbuch für die politische Bildung. Verlag Bertelsmann Stiftung, 2008. S. 84.

70 Vgl. Maroshek-Klarmann, U.; Ulrich, S.; Henschel, T.; Oswald, E.: Miteinander – Erfahrungen mit Betzavta. Ein Praxishandbuch für die politische Bildung. Verlag Bertelsmann Stiftung, 2008. S. 84.

71 Vgl. Maroshek-Klarmann, U.; Ulrich, S.; Henschel, T.; Oswald, E.: Miteinander – Erfahrungen mit Betzavta. Ein Praxishandbuch für die politische Bildung. Verlag Bertelsmann Stiftung, 2008.

72 Fall 1 und 2 vgl. Maroshek-Klarmann, U.; Ulrich, S.; Henschel, T.; Oswald, E.: Miteinander – Erfahrungen mit Betzavta. Ein Praxishandbuch für die politische Bildung. Verlag Bertelsmann Stiftung, 2008. S. 91–92.

73 Vgl. Näheres unter www.verfassungsgericht.de – Beschluss des BVerfG vom 21.07.2009 – 1 BvR 1358/09.

74 Vgl. Amnesty International: Allgemeine Erklärung der Menschenrechte 2008.

75 siehe www.peace-maker.de

76 siehe www.schule-ohne-rassismus.org

77 Kaeding, P.; Richter, J.; Siebel, A.; Vogt, S.: Mediation an Schulen verankern. Ein Praxishandbuch. Beltz Verlag, 2005.

78 Vgl. Mauthe, A.; Pfeiffer, H.: In: Palentien, Christian; Hurrelmann, Klaus (Hrsg.): Schülerdemokratie. Mitbestimmung in der Schule. Luchterhand, 2003.

79 Vgl. Institut für konstruktive Konfliktaustragung: Schule Macht Demokratie. Qualifizierung der SchülerInnenvertretung. Hintergrund und Praxis. Institut für konstruktive Konfliktaustragung und Mediation, 2007.

80 Vgl. Blum, E.; Blum, H.-J.: Der Klassenrat. Ziele, Vorteile, Organisation. Verlag an der Ruhr, 2006.

81 Vgl. Schirp, H.: In: Palentien, Ch.; Hurrelmann, K. (Hrsg.): Schülerdemokratie. Mitbestimmung in der Schule. Luchterhand 2003. S. 50.

Bildnachweise

S. 7: © tobeys – Photocase.de
S. 8–21: © Dieter Lünse
S. 24: © James Steidl – Fotolia.com
S. 29: © Yuri Arcurs – Fotolia.com
S. 32: © Christian Schwier – Fotolia.com
S. 35: © Yang MingQi – Fotolia.com
S. 36: © Andre Bonn – Fotolia.com
S. 37: © Gerhard Seybert – Fotolia.com
S. 38: © Simon Ebel – Fotolia.com
S. 49: © fuxart – Fotolia.com
S. 50: © FotoMike1976 – Fotolia.com
S. 51: © Paco Ayala – Fotolia.com
S. 60: © HIG – Fotolia.com
S. 62: © WOGI – Fotolia.com
S. 70: © Markus Bormann – Fotolia.com
S. 71: © Angelika Bentin – Fotolia.com
S. 72: © Grischa Georgiew – Fotolia.com
S. 87: © atelier22 – Fotolia.com
S. 91: © pixeldesigner – Fotolia.com
S. 94: © eyewave – Fotolia.com
S. 102: © Falko Matte – Fotolia.com
S. 104: © Joerg Krum – Fotolia.com
S. 105: © J. Hansmann – Fotolia.com
S. 118: © simke – Fotolia.com
S. 120: © Henlisatho – Fotolia.com
S. 121: © Kzenon – Fotolia.com
S. 141: © zettberlin – Photocase.de

Postfach 10 22 51
45422 Mülheim an der Ruhr

Telefon 030/89 785 235
Fax 030/89 785 578

bestellungen@cornelsen-schulverlage.de
www.verlagruhr.de

Es gelten die Preise auf unserer Internetseite.

■ **Gewaltprävention für Jugendliche**
Ein Trainingskurs für Schule und Jugendarbeit
Dieter Homann, Peter Schwack
13–16 J., 66 S., 16 x 23 cm, Paperback
ISBN 978-3-8346-0595-5
Best.-Nr. 60595
11,80 € (D)/12,15 € (A)/19,– CHF

■ **Wut-Workout**
Produktiver Umgang mit Wut
Jan Stewart
10–17 J., 108 S., A4, Paperback
ISBN 978-3-86072-751-5
Best.-Nr. 2751
18,50 € (D)/19,– € (A)/29,90 CHF

■ **Konflikte selber lösen**
Trainingshandbuch für Mediation und Konfliktmanagement in Schule und Jugendarbeit
Kurt Faller, Wilfried Kerntke, Maria Wackmann
10–17 J., 208 S., A4, Paperback
ISBN 978-3-8346-0526-9
Best.-Nr. 60526
24,50 € (D)/25,20 € (A)/39,50 CHF

■ **Ich – Du – Wir alle!**
33 Spiele für soziales Kompetenztraining
Antonia Klein, Brunhilde Schmidt
10–15 J., 88 S., 16 x 23 cm, Paperback
ISBN 978-3-8346-0569-6
Best.-Nr. 60569
12,80 € (D)/13,15 € (A)/20,70 CHF

■ **Tolerant! Engagiert! Selbstbewusst!**
80 Arbeitsblätter für soziales Lernen
David Koutsoukis
Kl. 5–8, 114 S., A4, Paperback
ISBN 978-3-8346-0571-9
Best.-Nr. 60571
19,80 € (D)/20,35 € (A)/32,– CHF

■ **„Alle Muslime sind ..."**
50 Fragen zu Islam und Islamophobie
Jaap Tanja
14–99 J., 192 S., 16 x 23 cm, Paperback
ISBN 978-3-8346-0807-9
Best.-Nr. 60807
19,90 € (D)/20,50 € (A)/32,10 CHF

■ **„Alle Juden sind ..."**
50 Fragen zum Antisemitismus
Anne Frank Haus Amsterdam
14–99 J., 184 S., 16 x 23 cm, Paperback, farbig
ISBN 978-3-8346-0408-8
Best.-Nr. 60408
19,50 € (D)/20,– € (A)/31,50 CHF

■ **Selbstvertrauen und soziale Kompetenz**
Übungen, Aktivitäten und Spiele für Kids ab 10
Terri Akin
10–16 J., 206 S., A4, Paperback
ISBN 978-3-86072-552-8
Best.-Nr. 2552
23,– € (D)/23,65 € (A)/37,10 CHF

Teamfähigkeit • Selbstdisziplin • soziale Kompetenz

Verlag an der Ruhr

Postfach 10 22 51
45422 Mülheim an der Ruhr

Telefon 030/89 785 235
Fax 030/89 785 578

bestellungen@cornelsen-schulverlage.de
www.verlagruhr.de

Es gelten die Preise auf unserer Internetseite.

■ Schüler werden Pausenhelfer
Ein Konzept für die Mittagsfreizeit in der Ganztagsschule
Stefan Verlemann, Thorben Zilske
Kl. 8–13, 152 S., 16 x 23 cm, Paperback
ISBN 978-3-8346-0814-7
Best.-Nr. 60814
16,80 € (D)/17,30 € (A)/27,10 CHF

■ Wenn Sanktionen nötig werden: Schulstrafen
Warum, wann und wie?
Wolfgang Kindler
Kl. 5–13, 157 S., 16 x 23 cm, Paperback
ISBN 978-3-8346-0324-1
Best.-Nr. 60324
17,80 € (D)/18,30 € (A)/28,70 CHF

■ Schnelles Eingreifen bei Mobbing
Strategien für die Praxis
Wolfgang Kindler
Für alle Schulstufen, 128 S., 16 x 23 cm, Paperback
ISBN 978-3-8346-0450-7
Best.-Nr. 60450
14,80 € (D)/15,20 € (A)/23,90 CHF

■ Eine Klasse – ein Team!
Methoden zum kooperativen Lernen
Cordula Hoffmann
Für alle Schulstufen, 120 S., 16 x 23 cm, Paperback
ISBN 978-3-8346-0594-8
Best.-Nr. 60594
12,80 € (D)/13,15 € (A)/20,70 CHF

■ Wie Sie Ihre Pappenheimer im Griff haben
Verhaltensmanagement in der Klasse
Sue Cowley
Für alle Schulstufen, 292 S., 16 x 23 cm, Paperback
ISBN 978-3-8346-0756-0
Best.-Nr. 60756
21,80 € (D)/22,40 € (A)/35,20 CHF

■ Produktive Unterrichtseinstiege
100 motivierende Methoden für die Sekundarstufen
Arthur Thömmes
Kl. 5–13, 134 S., 16 x 23 cm, Paperback
ISBN 978-3-8346-0022-6
Best.-Nr. 60022
15,80 € (D)/16,25 € (A)/25,50 CHF

■ Unterrichtseinheiten erfolgreich abschließen
100 ergebnisorientierte Methoden für die Sekundarstufen
Arthur Thömmes
Kl. 5–13, 137 S., 16 x 23 cm, Paperback
ISBN 978-3-8346-0153-7
Best.-Nr. 60153
15,80 € (D)/16,25 € (A)/25,50 CHF

■ Produktive Arbeitsphasen
100 Methoden für die Sekundarstufen
Arthur Thömmes
Kl. 5–13, 152 S., 16 x 23 cm, Paperback
ISBN 978-3-8346-0325-8
Best.-Nr. 60325
15,80 € (D)/16,25 € (A)/25,50 CHF

Strategien • Tipps • Praxishilfen